U0945386

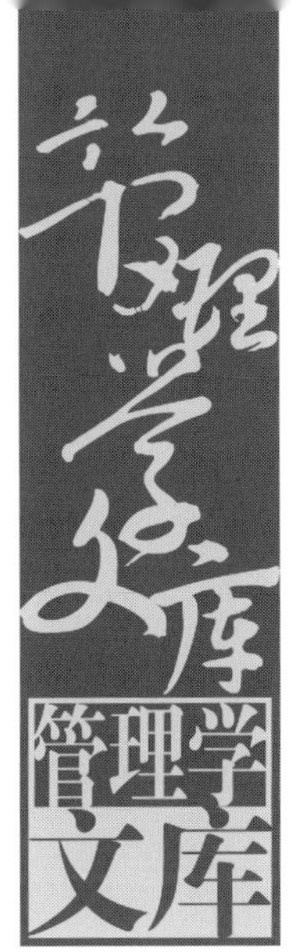

合作型人力资源管理与企业核心竞争力

——基于员工间社会网络的视角

苏中兴　著

中国人民大学出版社

· 北京 ·

图书在版编目（CIP）数据

合作型人力资源管理与企业核心竞争力：基于员工间社会网络的视角/苏中兴著．—北京：中国人民大学出版社，2016.5
ISBN 978-7-300-22881-5

Ⅰ.①合… Ⅱ.①苏… Ⅲ.①企业管理-人力资源管理-研究②企业管理-核心竞争力-研究 Ⅳ.①F270

中国版本图书馆 CIP 数据核字（2016）第 103268 号

管理学文库
合作型人力资源管理与企业核心竞争力
——基于员工间社会网络的视角
苏中兴　著
Hezuoxing Renliziyuan Guanli yu Qiye Hexin Jingzhengli

出版发行	中国人民大学出版社		
社　　址	北京中关村大街 31 号	**邮政编码**	100080
电　　话	010－62511242（总编室）		010－62511770（质管部）
	010－82501766（邮购部）		010－62514148（门市部）
	010－62515195（发行公司）		010－62515275（盗版举报）
网　　址	http://www.crup.com.cn		
经　　销	新华书店		
印　　刷	唐山玺诚印务有限公司		
开　　本	720 mm×1000 mm　1/16	**版　　次**	2016 年 5 月第 1 版
印　　张	10.75 插页 2	**印　　次**	2024 年 7 月第 2 次印刷
字　　数	153 000	**定　　价**	78.00 元

序　言

随着知识经济时代的来临，企业的核心竞争力从有形资产转变为知识创造，而组织内部的知识分享、整合和创造通常发生在员工之间的社会联系与互动合作上。因此，知识经济时代的战略性人力资源管理的重要目标之一就是促进组织内部员工之间的社会联系和交流。然而迄今为止，国内外已有的战略人力资源管理模型大多聚焦于人力资源管理对“组织—员工”之间社会交换关系的影响，很少考虑如何通过制度设计来影响组织内部“员工—员工”之间的社会交换关系。从中国的管理实践来看，改革开放30多年来，我们更多地是在强调如何通过人与人之间的竞争机制来提高员工的劳动生产率。然而，过多依靠人与人之间的竞争来激活企业是有后遗症的，因为它扼杀了人性中最宝贵的分享与合作精神，企业最终会因为员工之间缺乏合作与分享而失去创新力与活力。随着人类社会的发展和管理实践的进步，合作必将取代竞争成为管理的主旋律，只有促进员工合作的人力资源管理才能重塑知识经济时代的企业核心竞争力。

基于上述思考，笔者申请了国家自然科学基金项目“合作型人力资源管理系统的内容结构及其对个体和组织绩效的作用机制研究——员工组织内社会网络的视角”（71472178），并希望以此项目为依托，对这种新型的人力资源管理模式进行深入研究。本书呈现的系列研究正是围绕国家自然科学基金项目的思路逐步展开的。尽管本书的内容和结论还不成熟，我们的相关研究也还在继续，但是考虑到研究成果的时效性，也为了进一步推动国内相关研究的开展，我们整理了和该项目有关的一些研究成果先行出版。

本书提出的合作型人力资源管理（collaborative HRM）由重视员工的合作能力培养、强化员工与同事的合作动机以及为员工之间提供更多交流与合作机会的一系列管理制度和实践组成。比如，企业会把合作能力作为员工招聘和培训的重要标准，企业的绩效评价和薪酬体系的设计是基于合作成果的，企业实施或开展了团队导向的工作设计、跨部门工作轮换、导师制、内部社交活动等。与以往的人力资源管理模式强调组织对员工个体的投入和激励不同，合作型人力资源管理更多强调的是企业对员工之间的社会网络与合作机制的投资和建设，目的在于促使员工之间形成更多、更强的社会联系，从而帮助员工获得更多的信息、知识和来自同事的支持。

与合作型人力资源管理相对应，员工组织内社会网络是本研究中另一个重要的关键词。合作型人力资源管理对企业核心竞争力的塑造作用主要是通过员工在组织内部的社会网络来实现的。社会网络被认为是社会资本的结构维度，由一个个节点和节点之间的联系构成，节点之间联系的数量、频率和深度决定了社会网络的基本特征。员工组织内社会网络是指员工和组织内同事之间的社会联系的集合，这种社会网络在很大程度上影响着企业内部的知识交换和创造，影响着员工的工作态度和行为，从而影响企业核心竞争力的形成。

本书不仅在理论上阐释了合作型人力资源管理的重要性，也试图通过实证研究来检验和揭示合作型人力资源管理对企业核心竞争力的重要影响及其作用机制。跨层面研究结果表明，合作型人力资源管理与员工组织内社会网络的联系数量和联系强度都显著正相关。也就是说，当一个企业采用合作型人力资源管理方式时，员工会和更多的同事进行更加频繁和深入的联系。研究结果还表明，员工组织内社会网络能够提高员工的工作满意度、组织承诺、工作投入和创新行为，还能降低员工的离职意向。合作型人力资源管理对员工态度和行为的影响正是通过组织内社会网络的中介作用实现的。而在组织层面上的研究结果表明，合作型人力资源管理能够通过员工组织内社会网络促进企业财务绩效的提高。

在本书系列研究开展的过程中，中关村管委会和中关村 IT 人才协会在数据收集上给予了很大的支持。正是有了它们的支持，我们才得以收集到高质量的数据。中关村被誉为中国的硅谷，入驻了大量充满活力而又不断创新的中国 IT 企业。这些企业属于知识密集型企业，企业中的绝大部分员工属于知识工作者，彼此之间存在大量的交流合作与知识分享的需要，因而是本研究的理想样本。与中关村 IT 人才协会合作，笔者在 4 年多的时间里开展了多次针对中关村 IT 企业的调查。本书的这些实证研究正是在这些调查的基础上完成的。

在研究开展的过程中，大量学界同行与朋友给予了我很大的帮助。美国南卡罗莱纳大学的 Patrick Wright 教授、罗格斯大学的刘明巍教授、澳大利亚新南威尔士商学院的 Sunghoon Kim 教授、华东理工大学的李晓蓓教授等对我们的调查问卷设计和本书的相关研究提供了许多建议。中国人民大学劳动人事学院前任院长曾湘泉教授、现任院长杨伟国教授以及人力资源管理系的彭剑锋、孙健敏、张丽华、石伟、林新奇、周文霞、程延园、徐世勇、刘松博、李育辉、王青、王丽娟等同事对本课题的相关研究也给予了大量的鼓励和帮助。王桢和骆南峰更是直接作为自然科学基金的课题组成员参与了项目的申请和研究工作。在此，对这些老师表示诚挚的谢意！

此外，笔者的几位研究生也从事了一些与本课题相关的文献收集、数据整理和统计分析等方面的工作，她们是叶永姣、段佳利、曾层和牟小凡。中国人民大学出版社的编辑为本书的出版付出了很多心血，在此一并致谢！

总结而言，本书探索了合作型人力资源管理系统的内容，拓展了战略人力资源管理在知识经济时代的新模式，并且从员工间社会网络的视角对战略性人力资源管理与企业核心竞争力的作用机制做出了新的理论解释。我们希望本书的一些研究结论能够引起中国企业界的重视。过去的 30 多年中，中国企业管理机制设计的核心是竞争而不是合作机制，这与知识经济时代要求的合作与共享的理念是相违背的。严格地说，过度强调人与人之间竞争的制度设计甚至会削弱国人本已薄弱的团队合作精神，不利于我们国民性的改造。尽管本书呈现的成果还比较粗糙，更多的理论和实证问题还有待深入研究，但是我们希望本书能够起到抛砖引玉的作用，推动更多的中国学者和管理者去关注合作型人力资源管理，重塑中国企业在知识经济时代的核心竞争力。

苏中兴

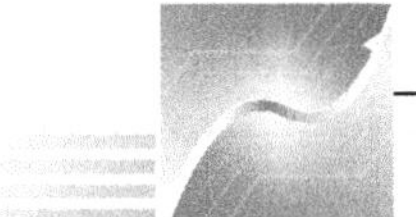

目 录

第 1 章

导　言

1.1　研究背景

随着知识经济时代的到来，高科技和知识密集型企业在我们的经济生活中扮演着越来越重要的角色。这些企业的生存环境以知识技术的快速更新换代为特点，这使得企业的核心竞争力从有形资产转变为知识创造（Grant，1996；Van Wijk，Jansen & Lyles，2008）。研究表明，员工获取、转化和整合有价值的知识常常发生在员工与同事的社交互动中（Nahapiet & Ghoshal，1998；Kale，Singh & Perlmutter，2000）。员工之间的社会联系被认为是分享隐性知识和显性知识的最有效机制（Kang，Morris & Snell，2007）。诸多研究表明，员工间社会网络能够带来知识转移和创造以及团队和组织绩效的提升（Hansen，Mors &

Løvås，2005；Ingram & Roberts，2000；Reagans & McEvily，2003；Reagans & Zuckerman，2001；Smith，Collins & Clark，2005）。因此，员工间社会网络实际上已经成为企业的一种重要资源，能够给企业带来可持续的竞争优势。

既然社会网络如此重要，那么改善组织内部员工之间的社会联系、扩展员工在组织内的社会网络应该是企业战略性人力资源管理的重要目标。然而，国内外已有的战略性人力资源管理研究基本上聚焦于人力资源管理系统对"组织—员工"关系的影响，比如强调雇主对员工的投入及其所带来的员工组织承诺和组织公民行为的提升（Messersmith，Patel，Lepak & Gould-Williams，2011；Sun，Aryee & Law，2007；Takeuchi，Lepak，Wang & Takeuchi，2007；Jiang，Lepak，Hu & Baer，2012），却忽略了人力资源管理系统对"员工—员工"关系带来的影响。实际上，员工之间的关系不但可以促进组织内部的知识传播和创造，还会影响员工的工作态度和行为。尤其对知识型员工而言，和同事的关系甚至比和雇主的关系更加重要（Dess & Shaw，2001）。

因此，从员工间社会网络的视角开展战略性人力资源管理系统研究是非常有价值的，而且契合知识经济时代的企业特点。本书将探索合作型人力资源管理的内容及其测量，为国内外相关研究的深入开展提供研究基础；本书将检验合作型人力资源管理以及员工间社会网络对员工工作态度和行为的影响，希望能够整合战略性人力资源管理和社会资本的相关研究成果，对战略性人力资源管理的作用机制作出新的理论贡献。

1.2 关键概念界定与基础理论介绍

1.2.1 合作型人力资源管理

学术文献最早关注到的是对来自不同企业的合作者的管理（Ring & Van de Ven，1992），认为需要在来自不同企业的成员之间建立信息分享机制并构建合作者之间的信任关系。学者们指出，因为交换本质的复杂性，合作者之间需要信息分享和信任，才能产生互惠和合作（Dyer，1996）。没有信息分享，合作者只能各自储存他们的资源（Van de Ven，Delbeq & Koenig，1978）；没有信任，合作团队不会给对方有价值的信息，对他们所获得的其他团队的信息也不敢使用（Ring & Van de Ven，1992）。因此，公司通常愿意在合作关系上大量投资而不是发展合作者的人力资本（Dyer，1996）。相应地，公司通常会安排团队建设活动和团队层面的评估来促进合作关系（Matusik & Hill，1998），公司还倾向于建立团队奖励制度以鼓励成员去分享和传递信息（Davenport & Prusak，1998；Quinn，Anderson & Finkelstein，1996）。这些以团队建设活动、团队层面的评估以及团队奖励制度为代表的人力资源管理实践是最早的合作型人力资源管理实践。

随后，Lepak & Snell（1999）在他们关于人力资源构型（HR architecture）的论文中针对四种不同的人力资源类型提出了相应的管理模式。在他们的理论框架中，合作型人力资源管理（Collaborative Human Resource Management）被认为是适用于具有高通用知识和高流动性的员工的管理模式。Lepak & Snell（1999）认为，当有需要合作生产的产品时，经理们通常会招聘能够将知识和经验融入企业并且能够在团队中工作的合作者。为了更好地管理和利用这些人力资源，企业可能建立相应的沟通机制、交换项目、工作轮换等措施来促进信息分享和知识交流。同时，个人的绩效评估和薪酬体系的设计也会涉及与团队相关的标准，而这些人力资源管理实践都被认为是合作型人力资源管理实践。

在对合作型人力资源管理的一些最新研究中，Lopez & Cabrera（2009）认为合作型人力资源管理实际上是一种团队导向的人力资源管理实践，在这种人力资源管理实践中，具备合作能力是候选人顺利通过应聘筛选的必要素质，也是员工培训的目的。而 Collins & Clark（2003）提出的社会网络建设型人力资源管理实际上和合作型人力资源管理的内容非常类似。他们认为，社会网络建设型人力资源管理包括培训员工的关系建设技能、基于社会网络的绩效管理、鼓励员工构建社会网络的奖励体系以及为员工提供建立社会网络的经费支持等。一些常见的用于提升企业社会资本的人力资源管理实践也属于合作型人力资源管理的范畴，比如团队型组织结构、社交活动、导师制以及团队激励（Patrick & Scott，2001）。

在上述文献的基础上，我们认为，合作型人力资源管理是一种旨在促进组织内部员工之间形成良好社会联系与合作关系的人力资源管理模式，它由一系列重视员工的合作能力、合作动机和合作机会的人力资源管理政策和实践组成。有关合作型人力资源管理的具体理论内涵和测量我们将在第 2 章中进行深入描述和研究。

1.2.2 社会资本与员工组织内社会网络

社会资本的概念最早产生于社会学领域，描述社会单元中人与人之间强有力的横向联系在建立基本信任、合作、集体主义行为等方面发挥的作用（Jacobs，1965）。20 世纪 90 年代以来，社会资本逐渐成为组织行为研究和战略管理研究中的重要概念。Tsai & Ghoshal（1998）将社会资本定义为，嵌套在个人和社会单元的关系网络中，源于并在社会网络中可用的实际和潜在资源。在这种定义中，社会资本包含社会网络和由社会网络调动的资源两部分。作为根源于“联系”的一系列资源，社会资本包含许多不同的属性，Nahapiet & Ghoshal（1997）等将这些不同的属性归结为三类，即结构维度（structural dimension）、关系维度（relational dimension）和认知维度（cognitive dimension）。本节关注的社会网络属于结构维度。

社会网络，即社会资本的结构维度，又称结构性社会资本。不同的学者用桥（bridge）、连接（linkage）或联系（relation）来定义存在于社会网络之中的人际关系（Boutilier，2007）。社会网络中的每个个体都是一个节点，社会网络正是由一个个节点和节点之间的联系构成的，局部联系的内容和性质在整体上影响了社会网络的具体形态。Granovetter（1973）认为，社会网络的强度可以从三个维度来表现：密度、频率和深度，其中密度取决于社会网络中不同成员之间建立联系的数量和规模，频率是指一定时间内社会网络中各种联系建立和使用的次数，深度则体现了网络中联系的亲密程度和情感的强烈程度。社会网络的强度深刻影响着社会网络中的社会交换水平和资源利用效率，构建强有力的社会网络可以从增强个体间联系的密度、频率和深度入手，而此三者的增强则依赖于更早期的互动与交换行为。Collins & Clark（2003）的研究将高管团队（top management team）的社会网络定义为高管所拥有的与组织内部和外部人员之间的人际关系集合，社会网络被分为规模（size）、范围（range）和强度（strength）三个维度。其中规模被定义为联系人的数量，范围被定义为联系人的多样性，强度被定义为联系的紧密程度。他们的定义为本书对社会网络的测量提供了有益的借鉴。

梳理了不同学者对社会网络的解释后，本书中提到的员工组织内社会网络是指一个员工在组织内部拥有的与同事的人际关系的集合，包括他们在特定时间内与多少同事发生联系、联系的频率以及联系的深度。对高科技企业而言，产品及技术开发等核心工作都是由知识型员工直接完成的，因此员工之间的社会网络在很大程度上决定了企业的知识交换和创新的产生，从而影响企业的可持续竞争优势。

1.2.3 有关社会网络的实证研究结果

员工组织内社会网络的前因变量包括个体层面和组织层面的变量。个体层面的变量包括个人特征、人口统计学变量、行为变量等。个人特征指的是外向性、亲和力、情绪稳定性等人格特征。人口统计学变量指的是年龄、性别、受教育程度等。行为变量是指组织公民行为等。研究表明，受教育程度高、情绪稳定性好的成员更容易在社会网络中获得中心地位（Klein，2004）；团队成员的人口统计学变量的一致性可能会降低形成社会网络的可能性（Ray & Ezra，2001）；组织公民行为增加了组织社会资本的可能性（Bolino，2002）。组织层面的变量包括人力资源管理、组织结构、工作设计等。相关研究表明：网络构建型人力资源管理（network building

HR）能够提高高管团队成员社会网络的规模、范围和强度（Collins & Smith，2003）；组织内社会网络会受到正式组织结构的影响（Adler & Kwon，2003）；研发团队内部的小团体会帮助成员建立更紧密的社会网络（Ray & Ezra，2001）。

员工组织内社会网络能对组织和个人产生重要的作用。

首先，组织内社会网络增加了信息的来源，提升了知识的质量和时效性。研究表明，社会网络能帮助成员增加接触信息的机会，并带来创新（Burt，1987）。其次，组织内社会网络可以提高组织内部的稳定性和紧密度。相关研究表明，社会网络可以增强组织内的紧密度，由此降低了员工的离职率（Coleman，1988）。最后，组织内社会网络能提高成员的影响、控制力和权力。研究表明，占据社会网络中心的成员由于与其他各个成员都有紧密的联系，因此更有可能掌握更多的权力，承担领导的地位（Burt，1997）；建立了更紧密社会网络的成员往往更有影响力（Coleman，1988）。

社会网络对人力资本的形成具有积极影响（Pil & Leana，2009；Coleman，Cross，Parker，Prusak & Borgatti，2001）。社会网络提供了组织内知识和信息传递的途径，将单个组织成员的人力资本集合为组织共同的资本，进而通过知识的结合与创新，使人力资本不断产生新的增量；提供了信息交换的渠道，提高了知识和信息交换的效率。在共享的语境中，组织成员间为彼此提供帮助，创造了潜在资源交换与结合的必要情境。Hargadon & Sutton（1997）的研究指出，员工为不同行业的客户提供多样化服务，借助组织内社会网络将不同行业的知识集中，将有助于工作任务的完成。Bjork & Magnusson（2009）的研究指出，社会网络联系和新想法、新观点、新知识的产生存在清晰的相关关系，社会网络中的联系越多，联系越紧密，知识创新的质量就越高。Smith，Collins & Clark（2005）的研究表明，社会网络联系的数量和强度都与企业创造知识的能力正相关，联系的数量、强度都与产品和服务的创新正相关。

社会网络还具有组织行为学方面的积极意义。Bowler & Brass（2003）提出，通过建立组织内个体间广泛的联系，可以使组织成员进行更多互动并在互动中增进信任，因而个体有更多动机为他人提

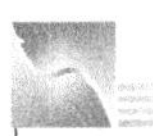

供必要的支持。通过共享组织的语言和故事，组织的文化和价值观得以传递和受到认同。组织内的个体感受到更多来自同事的支持，并产生更强烈的情感联系，促使其对组织作出长期承诺（Bowler & Brass，2003；Coleman，1988；Podsakoff，MacKenzie，Paine & Bachrach，2000）。

1.2.4 企业竞争优势理论：从资源基础观到知识基础观

战略性人力资源管理研究的核心命题是通过人力资源管理帮助企业获得竞争优势。传统观点将企业竞争优势归结于企业所处的市场结构与市场机会等，这就是企业竞争优势外生论。但是，对于特定行业而言，该行业中所有企业面临的市场结构、市场机会应该是同质的。按照竞争优势外生理论的逻辑，该产业内所有企业的盈利状况应该是基本一致的。然而，20世纪80年代的一些实证研究已经表明事实并非如此。研究表明，产业内长期利润率的分散程度比产业间的分散程度要大得多。由此可以推论：企业表现为超额利润率的竞争优势并非来自外部市场力量，而是来自企业自身的某种因素。在这一背景下，80年代以来研究者们将探索企业竞争优势的着眼点转移到了企业内部，由此产生了企业的资源基础观。

《企业的资源基础观》（Wernerfelt，1984）的发表标志着资源基础观（resource-based view）的诞生。该理论认为，企业是各种资源的集合体。每种资源都有多种不同的用途，企业的竞争优势源自企业所拥有的资源。由于各种不同的原因，企业拥有的资源具有异质性，这种异质性决定了企业竞争力的差异。该理论还指出，外部的市场结构与市场机会对企业的竞争优势会产生一定的影响，但并不是决定性因素。在进一步的研究中，研究者对资源和能力进行了区分，把企业的竞争优势来源从具体的资源转化为抽象的能力，由此产生了企业的能力基础观（capability-based view）。企业的能力基础观认为，企业的竞争优势来源于企业配置、开发与保护资源的能力，资源是静态的，而能力是动态的。后来，学者们又进一步指出，隐藏在能力背后并决定企业竞争力的是企业所拥有的众多资源中的知识资源，正是知识资源决定了企业的竞争优势，由此诞生了企业的知识基础观（knowledge-based view）。

在企业的知识基础观看来，所有的人类生产都是以知识为依存的，企业生产过程最重要的投入是知识，企业最有价值的产出也是知识。知识又是由个体掌握并专业化于某一特定领域的，知识的专业性决定了生产活动需要掌握各种不同类型专家的共同协作。此时，企业作为一种知识整合的组织便出现了。企业无非就是一种“团队生产”的组织形式，它们创造了能使多个个体集中使用其各自所拥有的专业知识的环境和条件，各类专业人员的知识（尤其是内隐性知识）能得以交流、分享、传播与整合。企业中知识的积聚是组织内成员在生产过程中频繁地接触和交流的结果，并发展出各企业所特有的惯例，使得知识的交流、转移与共享具有比市场更高的效率。至此，企业的知识基础观和社会网络理论开始有了交集，因为员工在企业内的社会网络就是员工之间进行知识分享与整合的最主要渠道。

1.2.5 战略性人力资源管理研究的现状、局限与发展动态分析

尽管企业的知识基础观和社会网络理论都告诉我们，组织内部员工之间的社会关系网络将对知识经济时代的企业核心竞争力产生重要影响，然而战略性人力资源管理领域的研究却没有及时跟上变化的步伐。已有文献对战略性人力资源管理系统的作用机制研究集中在两条主线：一条主线是把基于社会交换关系产生的员工组织承诺、组织公民行为、工作满意度等个体的工作态度和行为作为关键的中介变量（如 Messersmith et al.，2011；Sun et al.，2007）；另一条主线是从人力资本理论出发，试图揭示人力资源管理系统对提高员工的知识、技术和能力，进而影响企业绩效的作用（如 Cabello-Medina，Lopez-Cabrales & Valle-Cabrera，2011；Carpenter，Sanders & Gregersen，2001；Hatch & Dyer，2004；Takeuchi al.，2007）。尽管有个别学者在理论分析上提到社会网络可能是人力资源

管理和企业绩效的中介变量（Evans & Davis，2005），但是实证研究目前非常缺乏。只有 Collins & Clark（2003）研究了人力资源管理可以通过影响高管团队的社会网络进而提高组织绩效。但是，该研究涉及的高管团队是一个比较特殊的群体，其社会网络更多地是企业外部的利益相关者，而高科技企业内部的知识分享和创造主要是通过员工这一更加广泛的群体来完成的。

除了研究视角的问题，一些学者还对战略性人力资源管理机制研究中存在的因果关系检验不严谨的问题提出了质疑（Guest，2011；Pauwwei，2009；Wall & Wood，2005；Wright et al.，2005）。已经发表的包括顶级期刊上的论文大部分使用的是横截面数据，这只能表明人力资源管理和企业绩效之间的相关性，而不能说得出有因果关系的结论（Paauwe，2009；Guest，2011）。甚至大部分研究对组织绩效的测量采用的是自我报告式的主观测量，这可能会因为评价者的社会赞许性（social desirability）或对人力资源管理和企业绩效之间相关性的共同期望而带来了数据的内生性问题（endogeneity），从而在统计上容易高估人力资源管理系统和企业绩效之间的相关性（Wall & Wood，2005；Wright，Gardner & Paauwe，2009）。另外，Luc Sels et al.（2006）指出，从经济学的角度来看，研究人力资源管理系统与企业绩效的关系时，应该考虑人力资源管理所带来的成本，而这一点长期以来在实证研究中并没有得到充分的重视。

从国内研究看，诸多学者检验了人力资源管理系统与企业绩效之间的相关性及其作用机制（范秀成和比约克曼，2003；程德俊和赵曙明，2007；刘善仕、周巧笑和晁罡，2007；张一驰和李书玲，2008；张正堂，2006；苏中兴，2010；蒋建武、赵曙明和戴万稳，2010；张徽燕、李端凤和姚秦，2012；林亚清和赵曙明，2013）。但是，目前国内研究同样没有从员工组织内社会网络的视角去看待人力资源管理系统对企业绩效的作用机制。

基于企业核心竞争力理论和社会网络理论的发展，结合战略性人力资源管理研究的现状，我们对战略性人力资源管理领域的未来研究趋势分析如下。

（1）需要扩展战略性人力资源管理的类型，合作型人力资源管理应成为重要的研究内容。已有研究对战略性人力资源管理系统的类型构建过于单一，主要集中在高绩效工作系统或高承诺工作系统上。经过 20 多年的发展，战略性人力资源管理的研究范式已经演化为简单刻板的“更多的高绩效工作实践→更好的企业绩效”，最多就是再增加个别调节变量（Kaufman，2010）。这种“一边倒”的研究现状实际上制约了我们对战略性人力资源管理的认识，未来研究需要探索是否存在其他能够带来企业高绩效的人力资源管理类型（Guest，2011）。在员工之间的社会网络已经成为影响高科技企业核心竞争力的今天，本书重点研究的这种投资于团队和人际关系的合作型人力资源管理模式更加能够适应知识经济时代的要求，因此可能会成为未来战略性人力资源管理的重要研究内容。

（2）需要把员工间社会网络这一关键概念整合到对战略性人力资源管理机制的研究中。已有战略性人力资源管理的机制研究多从员工人力资本或“组织—员工”关系的角度出发，很少有实证研究把“员工—员工”关系或员工组织内社会网络作为揭开战略性人力资源管理“黑箱”的关键。实际上，来自社会资本或社会网络领域的诸多研究已经表明，员工间社会网络既会影响企业内部的知识交换与创造，也会影响员工的组织承诺、满意度和离职意向，但是这些领域的研究成果却没有渗透到战略性人力资源管理领域。因此，未来急需打破社会资本领域和战略性人力资源管理领域的研究边界，把员工间社会网络这一关键变量整合到战略性人力资源管理的研究框架中。只有这样，才能更好地揭示在知识经济时代，战略性人力资源管理是如何提升企业核心竞争力的。

（3）需要更加严谨的研究设计来解决人力资源管理和企业绩效之间的因果关系问题。从数据上看，包括发表在顶级期刊上的已有大多数研究都是采用横截面数据和企业绩效的主观测量方法。但是，横截面数据无法解决两者之间的因果关系问题（Guest，2011），而对企业绩效的主观测量会带来严重的内生性问题（Wright，Gardner，Moynihan & Allen，2005；Wall & Wood，2005；Paauwe，2009），从而高估人力资源管理和企业绩效之间的相关性。从发展趋势看，未来的定量研究会更加强调研究设计和数据收集的严谨性，这不仅要求我们对企业绩效的测量采用更加客观的指标，还要同时考虑人力资源管理活动带来的成本和收益，而且要注意人力资源数据和企业绩效数据收集的前后关系。

1.3　研究内容与研究意义

1.3.1　研究内容

本书主要由以下研究组成（见图1—1）。第一部分研究合作型人力资源管理的内容、结构和测量；第二部分研究合作型人力资源管理对员工组织内社会网络的影响；第三部分研究合作型人力资源管理能否以及如何通过员工组织内社会网络影响员工的工作态度和行为；第四部分研究人力资源经理和直线经理之间的社会网络能否以及如何影响人力资源管理系统的执行效果；第五部分研究合作型人力资源管理如何通过员工组织内社会网络影响企业的绩效。

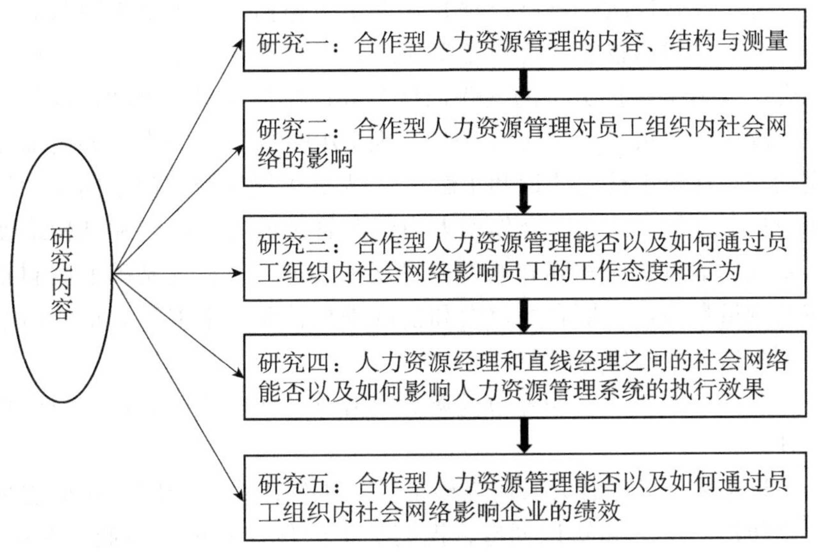

图1—1　本书的研究内容

1. 研究一：什么是合作型人力资源管理？其结构维度是什么？如何测量？

根据人力资源管理的AMO结构理论（Appelbaum et al.，2000；Collins & Clark，2003；Locke & Latham，1990），合作型人力资源管理在理论构成上至少包括三个维度：培养员工的合作能力（ability），对员工的合作行为实施激励（motivation）以及为员工提供更多与同事合作的机会（opportunity）。类似地，另外一些学者在理论文献中认为，合作型人力资源管理通过工作设计、激励设计和培训开发设计这三个方面来促使一个企业内部人际关系网络的形成（Kang et al.，2007；Morriset al.，2005；Kaše et al.，2009）。

目前对合作型人力资源管理的具体内容和测量还缺乏比较一致的结论。我们在前期研究工作中，已经对Kang et al.（2007），Youndt & Snell（2004），Collins & Clark（2003），Collins & Smith（2006）等研究中所涉及的合作型人力资源管理实践按照AMO理论结构进行了初步整合。在合作能力维度，这些管理实践包括“团队合作能力是招聘中考察的重要内容”、“培训员工如何在公司内部建立融洽的人际关系”、“实行正式的导师制（师带徒）来帮助员工成长”等；在合作激励维度，这些管理实践包括“采用基于团队的奖励体系”、“团队技能和合作意识强的人更容易获得加薪”、“与他人的合作能力是提拔员工的重要依据”等；在合作机会维度，这些管理实践包括“很多工作是基于团队形式开展的”、“经常举办内部社交活动，让员工彼此认识和了解”，“为员工提供跨部门横向流动的职业机会”等。当然，合作型人力资源管理的更多内容和结构维度需要我们通过访谈和问卷调查去发现和验证，并在此基础上编制相应的测量量表，对量表的效度和信度进行检验。本书第2章的内容将围绕这部分的研究展开。

2. 研究二：合作型人力资源管理对员工组织内社会网络的影响是什么？

近年来，已经有大量研究验证了员工组织内社会网络在促进员工之间知识分享和知识创造、提高员工的保留意愿、降低离职率、促进产品创新以及提高团队和组织绩效方面的重要性（Adler &

Kwon，2002；Tsai & Ghoshal，1998；Chen & Huang，2007；Reagans & McEvily，2003；Smith，Collins & Clark，2005；Hom & Xiao，2012；Oh，Labianca & Chung，2006；Leana & Pil，2006）。因此，一些学者建议组织应该主动采取措施来影响员工组织内社会网络的形成。比如，Liebeskind，Oliver，Zucker & Brewer（1996）强调了组织的规章制度对员工组织内社会网络形成的重要性。Leana & Van Buren（1999）认为，组织的人力资源管理系统应该是组织内部员工间社交关系的重要管理工具。Kaše，Paauwe & Zupan（2009）建议，战略性人力资源管理应该把形成组织内部的人际关系作为一个重要的目标。

我们认为，企业可以通过采用合作型人力资源管理来促进员工组织内社会网络的形成。比如，基于团队的绩效评估和薪酬设计可以鼓励员工通过加强和同事之间的联系和配合来完成团队目标，在职位晋升中强调候选人的合作能力也会增加员工主动构建组织内社会网络的动机（Collins & Clark，2003；Leana & Van Buren，1999）。而在招聘中考察求职者的团队合作技能、开展团队合作和人际关系技能的培训、老成员指导新成员的导师制等管理措施可以提高员工在组织内部构建社会网络的技能。合作型人力资源管理还可以为员工提供更多的构建组织内社会网络的机会，比如企业为员工提供社交时间和资源支持，通过举办和赞助内部活动来增加员工与同事接触的机会（Collins & Clark，2003），通过设计相互依赖的工作结构促进员工之间的互动和社会网络的形成（Gittell，2000；Kang et al.，2007）。研究表明，工作轮换也可以加强员工之间的联系，从而促进社会网络的形成（Dyer & Nobeoka，2000）。本书第2章也将围绕着这部分的研究展开。

3. 研究三（跨层面研究）：合作型人力资源管理能否以及如何通过员工组织内社会网络影响员工的工作态度和行为？

研究三的主要内容是探索合作型人力资源管理对员工个体的工作态度、行为和结果的跨层面影响，并且验证员工组织内社会网络在这种关系中的中介作用。由于员工个体层面的工作态度、行为和结果变量众多，结合已有文献，我们选择员工的创新行为、工作投入、工作满意度、组织承诺和离职意向作为跨层面研究的结果变量。

在研究二部分，我们论证了合作型人力资源管理能够促进员工组织内社会网络的形成。同时，已有研究也表明，社会网络能够帮助员工更加快速地解决工作中的问题（Orr，1996），促进员工之间知识分享和技能水平的提高（Grant，1996；Kogut & Zander，1992；Kang et al.，2007；Nonaka & Takeuchi，1995；Spender，1996），并且有利于合作创造新的知识（Chen & Huang，2007；Hansen et al.，2005；Reagans & Zuckerman，2001；Reagans & McEvily，2003；Smith et al.，2005）。因此我们认为，合作型人力资源管理可以通过员工组织内社会网络增加员工的创新行为。

如果企业采用合作型人力资源管理，员工会和更多的同事发生更频繁更密切的联系，也就能够更加明显地感受到来自同事的工作支持和情感支持，并且能够更快地相互学习，提高工作技能。因此，根据工作需求—资源模型（job demand-resource model），社会网络的存在能够让员工获得更多的工资资源，并由此带来更加积极的工作态度和行为。社会网络的存在也会使员工的社交和归属需求得到满足从而产生激励效果、降低离职意愿。已有研究表明，社会网络能够带来更高的员工工作满意度和组织承诺（Krackhardt & Porter，1985）、更高的工作保留意愿（Holtom et al.，2008；Xiao & Tsui，2007）和更低的员工离职率（Brass，1995；Krackhardt & Hanson，1993；Mossholder，Settoon & Henagan，2005）。因此我们认为，合作型人力资源管理可以通过员工组织内社会网络提高员工的满意度并降低员工的离职意愿。本书第3章将围绕着这部分的研究展开。

4. 研究四：人力资源经理与直线经理之间的社会网络能否以及如何影响人力资源管理系统的执行效果？

在探索战略性人力资源管理效果产生机制的过程中，直线经理的角色日益受到关注。直线经理承担着贯彻和执行各项人力资源管理制度的重要职责，对人力资源管理的实际执行效果有着重要的影响（Dany，Guedri & Hatt，2008；Purcell & Hutchinson，2007）。另一方面，人力资源经理深入业务部门并且承担起组织决

策的战略伙伴角色同样被认为是战略性人力资源管理对组织绩效作出贡献的必要条件。同时，众多直线经理批评人力资源部门没有对组织绩效作出贡献，原因在于人力资源部门无法联系经营现状，不能理解商业的本质，局限于做自己认为符合最佳商业利益的决策，而这些决策却不是业务层最认可的（Whittaker & Marchington，2003）。

直线经理和人力资源经理之间的合作之所以得到越来越多的关注，还源于研究者对人力资源管理战略规划与人力资源管理实际执行之间差异的担心。研究表明，实际执行并被员工感知到的人力资源管理活动比纯粹的人力资源管理规划更能影响员工的态度和行为（Purcell，2003；Purcell & Hutchinson，2007）。然而，在管理实践中，人力资源部门的规划和政策与实际开展并让员工真正感知到的人力资源管理实践之间往往存在偏差（Purcell & Hutchinson，2007）。直线经理作为人力资源管理的实际执行者和员工最直接的信息来源，对提高员工对人力资源管理实践的感知发挥着重要作用（Purcell & Hutchinson，2007）。

因此，为了发挥人力资源管理对企业绩效的推动作用，企业需要让人力资源部门了解公司的业务并参与战略决策，同时让直线经理深度参与到人力资源管理活动中，实现直线经理与人力资源经理之间更多的互动与合作（Renwick，2003；Nikandrou & Papalexandris，2007）。如果缺乏这种互动，人力资源经理和直线经理之间不能相互理解和支持，将形成人力资源政策和实际执行之间的鸿沟，进而无法实现人力资源战略的预期目标。因此我们认为，人力资源经理和直线经理之间的社会网络会影响人力资源管理的实际执行效果。本书第4章将围绕着这部分的研究展开。

5. 研究五（组织层面研究）：合作型人力资源管理能否通过员工组织内社会网络影响企业的绩效？其作用机制是什么？

随着知识经济时代的到来，企业的核心竞争力主要来自知识整合和创造，同时团队工作在企业生产经营过程中显得越发重要。在这样一种时代背景下，团队导向、以促进合作为目的的人力资源管理模式对企业绩效的重要性就变得显而易见。众所周知，人力资源管理对企业绩效的作用不是直接产生的，而是通过一系列不同的中介变量间接作用的。

正如我们前面所论证的那样，合作型人力资源管理提高了员工组织内社会网络，而这种社会网络既影响企业内部的知识分享和创造（Chen & Huang，2007；Hansen et al.，2005；Reagans & Zuckerman，2001；Reagans & McEvily，2003；Smith，Collins & Clark，2005），也影响员工的工作态度和行为（Hom & Xiao，2012；Krackhardt & Porter，1985），并且能够带来更好的个人绩效（Sparrowe，Liden，Wayne & Kraimer，2001）、团队绩效（Oh，Labianca & Chung，2006；Sparrowe et al.，2001）和组织绩效（Leana & Pil，2006）。因此我们认为，合作型人力资源管理可以通过员工组织内社会网络（聚合到组织层面）提高企业的绩效。本书第 5 章将围绕着这部分的研究展开。

1.3.2 研究意义

本研究具有重要的理论意义和实践价值。首先，本研究提出了合作型人力资源管理模型，拓展了战略性人力资源管理的类型，突出了知识经济时代人力资源管理的新特点。最近 20 年来，战略性人力资源管理领域的实证研究基本上局限在高绩效工作系统、高承诺工作系统模式上，缺乏对其他类型人力资源管理的研究，这导致学界对战略性人力资源管理具体内容的理解存在偏差（Guest，2011；Paauwe，Wright & Guest，in press）。尤其是随着以互联网为代表的知识经济时代的来临，企业的核心竞争力来源于知识创造，而知识创造又通常发生在员工之间的社会网络上（Nahapiet & Ghoshal，1998；Kang et al.，2007）。因此，这种以投资于员工之间的人际关系为特征的合作型人力资源管理非常契合知识经济时代的要求，必将引起更多学者的关注。

其次，从员工间社会网络视角研究战略性人力资源管理的作用机制将产生重要的理论贡献。战略性人力资源管理已有研究多从员工人力资本或“雇主—员工”关系的角度研究人力资源管理对企业

绩效的作用机制，然而并没有实证研究关注“员工—员工”关系在战略性人力资源管理机制中的潜在作用。和传统的研究模式不同，社会网络视角的研究聚焦于个体与个体之间的联系，而不是个体本身的特征（Ibarra，Kilduff & Tsai，2005）。本研究把员工在组织内部与同事的联系（组织内社会网络）作为揭开战略性人力资源管理作用机制的关键，这既符合知识经济时代企业核心竞争力的变化趋势，也将赋予战略性人力资源管理作用机制新的理论视角。

最后，就中华民族的国民性和中国企业的管理现状而言，开展合作型人力资源管理的相关研究也非常有必要。长期以来，国人的团队合作精神备受诟病。早在20多年前，作家柏杨在《丑陋的中国人》里就指出，中国人最大的毛病就是不团结，窝里斗。他提道，一个日本人是一头猪，三个日本人就是一条龙；一个中国人是一条龙，三个中国人就是一条虫。著名的社会学家费孝通持类似观点，认为“中国人也就是表面上的集体主义，实际上是差序格局，核心是自我主义”。实事求是地说，提高我们国民的团队合作精神已成为当务之急，否则势必影响我们的国家和民族在世界范围内的竞争力。当今世界，强调团队合作已经成为管理实践的主旋律。我们希望本研究有助于指导和推动中国企业更好地建立合作型人力资源管理，从制度设计上激发和培养中国员工的团队合作精神。

1.4 研究方法与技术路径

1.4.1 研究中的关键问题

1. 对合作型人力资源管理和组织绩效的测量问题

本书的系列研究涉及诸多变量的测量，其中，员工的创新绩效、工作满意度、离职意愿、组织内社会网络等变量的测量都非常成熟。但是，合作型人力资源管理的测量量表需要自行编制。因此，我们需要通过理论文献、深度访谈等途径获得合作型人力资源管理实践的条目，然后编制测量问卷，并进行信度和效度的检验。另外，对企业绩效的测量至关重要，可以说直接决定了本研究的研究质量和研究成果可能发表的期刊层次。在本研究中，我们采用人力资源投入的利润回报率（return on personnel expense，ROP）作为客观的企业绩效指标。在实践中，该指标的计算方法是ROP=有效净利润/薪酬总额。ROP是一个兼顾人力资源管理的投入和产出的指标，而且近年来在IT等高科技行业得到了广泛应用。

2. 从社会网络的视角揭示合作型人力资源管理的作用机制

为了全面揭示合作型人力资源管理的作用机制，本研究既检验合作型人力资源管理对员工个体绩效的跨层面影响，又在组织层面上检验合作型人力资源管理对企业绩效ROP指标的影响，这种多层面结合的分析方法非常符合战略性人力资源管理机制研究的发展趋势。而且，本研究将ROP指标的收集滞后于人力资源管理等相关数据的收集，这种纵向设计进一步增强了合作型人力资源管理和企业绩效之间因果关系的检验逻辑。

3. 通过科学的调查方案的设计和执行获取高质量的研究数据

同源数据存在显著的共变性问题，容易得出不同变量相关性的结论，因此在管理研究中意义不大。在本课题中，不同关键变量的数据来源于不同的调查对象，同一变量的数据也尽量采用多来源。比如，企业人力资源管理状况的数据同时来源于人力资源经理和员工；员工组织内社会网络的数据来源于员工，同时要求每家企业中接受调查的员工人数不能低于一定的百分比，以便在必要的时候聚合到组织层面；员工的创新绩效数据由直接主管来评价；企业绩效的数据同时采用ROP客观数据和主观评价，并且企业绩效数据的收集滞后于人力资源管理数据的收集，以克服横截面数据不足等缺陷。由于研究者每年都和中关村IT人才协会开展合作调查，这种调查设计在最近两年中都已经实现，具备操作上的可行性。

1.4.2 总体方法与技术路径

在本研究中，我们采用了文献研究、深度访谈、案例研究、问卷调查和定量分析相结合的方法。

首先，本书对国内外主要研究文献进行梳理，包括对合作型人力资源管理、社会网络等方面的文献进行综述和评论，对合作型人力资源管理、员工组织内社会网络等关键变量进行概念界定和内涵阐述。然后，本书通过文献研究、深度访谈和开放式问卷调查等手段完成对合作型人力资源管理的条目收集工作，对收集到的条目进行汇总和筛选，并分两个研究小组对条目进行分析和理论归类，编制预测问卷。在完成问卷初步编制后，我们将开展试调查，采用总体相关性分析、探索性因子分析等方法来对条目进行进一步的筛选，并最终通过验证性因子分析来检验最终量表的效度和模型的拟合优度。

本书还采用了深度访谈的方法，深入样本企业调研，对访谈资料进行编码和内容分析，了解合作型人力资源管理在企业管理实践中的具体表现、实施效果及其对员工和企业绩效的影响机制。通过访谈，我们还可以深入了解合作型人力资源管理在中国企业中的应用现状和问题所在，以便能够有针对性地提出对策建议，增强本书对管理实践的指导意义。

为了揭示合作型人力资源管理对员工和组织绩效的作用机制，我们主要使用问卷调查和定量研究的方法。我们将设计科学合理的调查方案，注意数据来源的多层面和多角度（multi-level，multi-source）。本研究中，合作型人力资源管理的数据来源于人力资源经理，员工组织内社会网络、工作满意度、组织承诺、离职意向、工作投入、创新行为数据来源于员工，企业绩效数据来源于客观的财务绩效。同时本研究采用纵向设计，至少收集 T＋1 的企业绩效数据。完成数据收集后利用 SPSS，AMOS，HLM 等统计软件，进行数据的聚合检验、跨层面分析和路径分析等，验证本书的研究模型和理论假设。

本书系列研究的技术路径图如图 1—2 所示。

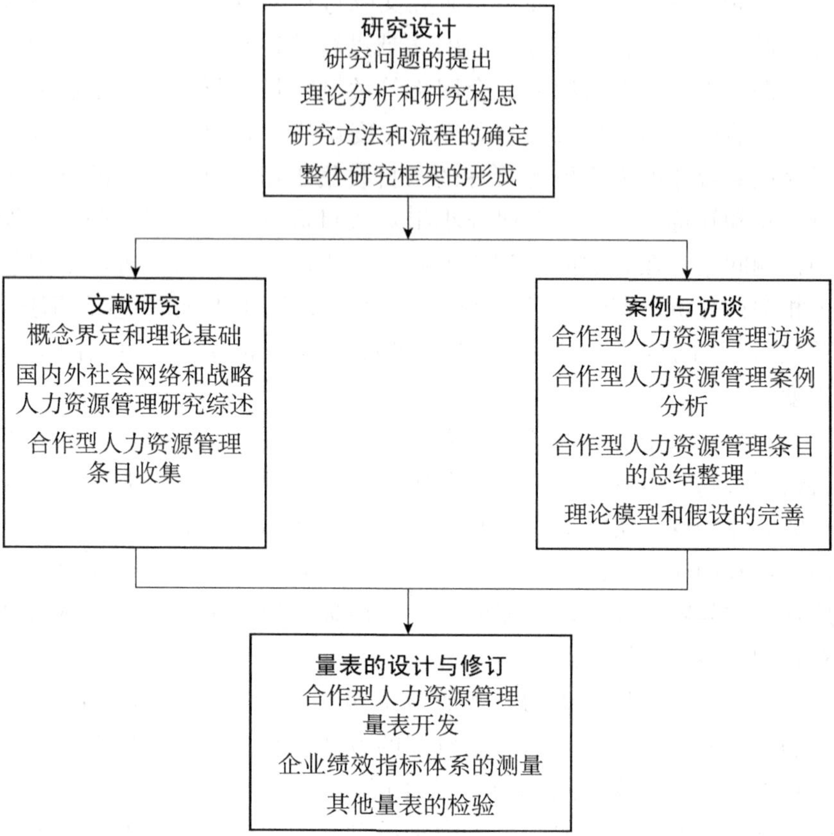

研究设计
研究问题的提出
理论分析和研究构思
研究方法和流程的确定
整体研究框架的形成

文献研究
概念界定和理论基础
国内外社会网络和战略人力资源管理研究综述
合作型人力资源管理条目收集

案例与访谈
合作型人力资源管理访谈
合作型人力资源管理案例分析
合作型人力资源管理条目的总结整理
理论模型和假设的完善

量表的设计与修订
合作型人力资源管理量表开发
企业绩效指标体系的测量
其他量表的检验

图 1—2　本书相关研究的技术路径图

参考文献

[1] Parker, A., Prusak, L., & Borgatti, S., "Knowing what we know: Supporting knowledge creation and sharing in social networks," *Organizational Dynamics*, 2001b, 3 (2): 100 - 120.

[2] Adler, P. S., & Kwon, S. W., "Social capital: Prospects for a new concept," *Academy of Management Review*, 2002, 27 (1): 17 - 40.

[3] Applebaum, E., Bailey, T., Berg, P., & Kalleberg, A., *Manufacturing advantage: Why high-performance work systems pay off*, Ithaca, ILR Press, 2000.

[4] Wernerfelt, B., "A resource-based view of the firm," *Strategic Management Journal*, 1984, Vol. 5, No. 2: 171 - 180.

[5] Boutilier, R. G., "Social capital in firm-stakeholder networks: A corporate role in community development," *Journal of Corporate Citizenship*, 2007, 26: 121 - 134.

[6] Bowler, M., & Brass, D. J., "A social network perspective on organizational citizenship behavior," *Academy of Management Best Conference Paper*, 2003, D1 - D6.

[7] Brass, D. J., *A social network perspective on human resources management*, in Ferris, G. R. (Eds.), *Research in Personnel and Human Resources Management*, Greenwich, CT, JAI Press, 1995, 13: 39 - 79.

[8] Burt, R. S., "The contingent value of social capital," *Administrative Science Quarterly*, 1997, 42 (2): 339 - 365.

[9] Cabello-Medina, C., López-Cabrales, Á., & Valle-Cabrera, R., "Leveraging the innovative performance of human capital through HRM and social capital in Spanish firms," *International Journal of Human Resource Management*, 2011, 22: 807 - 828.

[10] Carpenter, M., Sanders, W. G., & Gregersen, H. B., "Bundling human capital with organizational context: The impact of international assignment experience on multinational firm performance and CEO pay," *Academy of Management Journal*, 2001, 44: 493 - 512.

[11] Chen, C. J., & Huang, J. W., "How organizational climate and structure affect knowledge management—The social interaction perspective," *International Journal of Information Management*, 2007, Vol. 27: 104 - 118.

[12] Coleman, J. S., "Social capital in the creation of human capital," *American Journal of Sociology*, 1988, 94: 95 - 121.

[13] Collins, C. J., & Clark, K. D., "Strategic human resource practices, top management team social networks, and firm performance: The role of human resource practices in creating organizational competitive advantage," *Academy of Management Journal*, 2003, 46 (6): 740 - 751.

[14] Collins, C. J., & Smith, K. G., "Knowledge exchange and combination: The role of human resource practices in the performance of high-technology firms," *Academy of Management Journal*, 2006, 49 (3): 544 - 560.

[15] Dany, F., Guedri, Z., & Hatt, F., "New insights into the link be-

tween HRM integration and organizational performance: The moderating role of influence distribution between HRM specialists and line managers," *International Journal of Human Resource Management*, 2008, Vol. 19: 2095-2112.

[16] Davenport, T. H., & Lawrence, P., *Working knowledge: How organizations manage what they know*, Boston, MA, Harvard Business School Press, 1998.

[17] Dess, G. G., & Shaw, J. D., "Voluntary turnover, social capital, and organizational performance," *Academy of Management Review*, 2001, 26 (3): 446-456.

[18] Dyer, J. H., "Does governance matter? Keiretsu alliances and asset specificity as sources of Japanese competitive advantage," *Organization Science*, 1996, 7 (6): 649-666.

[19] Dyer, J. H., & Nobeoka, K., "Creating and managing a high-performance knowledge-sharing network: The Toyota case," *Strategic Management Journal*, 2000, 21 (3): 345-367.

[20] Evans, W. R., & Davis, W. D., "High-performance work systems and organizational performance: The mediating role of internal social structure," *Journal of Management*, 2005, 31 (5): 758-775.

[21] Fisher, S. R., & White, M. A., "Downsizing in a learning organization: Are there hidden costs?" *Academy of Management Review*, 2000, 25 (1): 244-251.

[22] Gabbay, S. M., & Zuckerman, E. W., "Social capital and opportunity in corporate R&D: The contingent effect of contact density on mobility expectations," *Social Science Research*, 1998, 27 (2): 189-217.

[23] Gittell, J. H., "Organizing work to support relational coordination," *International Journal of Human Resource Management*, 2000, 11 (3): 517-539.

[24] Granovetter, M. S., "The strength of weak ties," *American Journal of Sociology*, 1973, Vol. 78, Iss. 6: 1360-1380.

[25] Grant, R. M., "Toward a knowledge-based theory of the firm," *Strategic Management Journal*, 1996, 17: 109-122.

[26] Guest, D. E., "Human resource management and performance: Still searching for some answers," *Human Resource Management Journal*, 2011, 21 (1): 3-13.

[27] Hansen, M. T., Mors, M. L., & Løvås, B., "Knowledge sharing in organizations: Multiple networks, multiple phases," *Academy of Management Journal*, 2005, 48 (5): 776 - 793.

[28] Hargadon, A., & Sutton, R., "Technology brokering and innovation in a product development firm," *Administrative Science Quarterly*, 1997, 42: 716 - 749.

[29] Hatch, N. W., & Dyer, J. H., "Human capital and learning as a source of sustainable competitive advantage," *Strategic Management Journal*, 2004, 25: 1155 - 1178.

[30] Holtom, B. C., Mitchell, T. R., Lee, T. W., & Eberly, M. B., "Turnover and retention research: A glance at the past, a closer review of the present, and a venture into the future," *Academy of Management Annals*, 2008, 2: 231 - 274.

[31] Hom, P. W., & Xiao, Z., "Embedding social networks: How guanxi ties reinforce Chinese employees' retention," *Organizational Behavior and Human Decision Processes*, 2011, 116 (2): 188 - 202.

[32] Ibarra, H., Kilduff, M., & Tsai, W., "Zooming in and out: Connecting individuals and collectivities at the frontiers of organizational network research," *Organization Science*, 2005, 16 (4): 359 - 371.

[33] Ingram, P., & Roberts, P. W., "Friendships among competitors in the Sydney hotel industry," *American Journal of Sociology*, 2000, 106 (2): 387 - 423.

[34] Jacobs, J., *The death and life of great american cities*, London, Penguin Books, 1965.

[35] Jiang, K., Lepak, D. P., Hu, J., & Baer, J. C., "How does human resource management influence organizational outcomes? A metaanalytic investigation of mediating mechanisms," *Academy of Management Journal*, 2012, 55: 1264 - 1294.

[36] Kale, P., Singh, H., & Perlmutter, H., "Learning and protection of proprietary assets in strategic alliances: Building relational capital," *Strategic Management Journal*, 2000, 21 (3): 217 - 237.

[37] Kang, S. C., Morris, S. S., & Snell, S. A., "Relational archetypes, organizational learning, and value creation: Extending the human resource architecture," *Academy of Management Review*, 2007, 32 (1): 236 -

256.

[38] Kaše, R., Paauwe, J., & Zupan, N., "HR practices, interpersonal relations, and intrafirm knowledge transfer in knowledge-intensive firms: A social network perspective," *Human Resource Management*, 2009, 48 (4): 615 - 639.

[39] Kaufman, B. E., "SHRM theory in the post-huselid era: Why it is fundamentally mis-specified," *Industrial Relations*, 2010, 49: 286 - 313.

[40] Klein, K. J., Lim, B. C., Saltz, J. L., & Mayer, D. M., "How do they get there? An examination of the antecedents of network centrality in team networks," *Academy of Management Journal*, 2004, 47: 952 - 963.

[41] Kogut, B., & Zander, U., "Knowledge of the firm, combinative capabilities, and the replication of technology," *Organization Science*, 1992, 3 (3): 383 - 397.

[42] Krackhardt, D., & Hanson, J. R., "Informal networks," *Harvard Business Review*, 1993, 71: 104 - 111.

[43] Krackhardt, D., & Porter, L. W., "When friends leave: A structural analysis of the relationship between turnover and stayers'attitudes," *Administrative Science Quarterly*, 1985, Vol. 30, No. 2: 242 - 261.

[44] Leana, C. R., & Van Buren, H. J., "Organizational social capital and employment practices," *Academy of Management Review*, 1999, 24 (3): 538 - 555.

[45] Lepak, D. P., & Snell, S. A., "The human resource architecture: Toward a theory of human capital allocation and development," *Academy of Management Review*, 1999, 24 (1): 31 - 48.

[46] Lepak, D. P., & Snell, S. A., "Examining the human resource architecture: The relationships among human capital, employment, and human resource configurations," *Journal of Management*, 2002, 28 (4): 517 - 543.

[47] Liebeskind, J. P., Oliver, A. L., Zucker, L., & Brewer, M., "Social networks, learning, and flexibility: Sourcing scientific knowledge in new biotechnology firms," *Organization Science*, 1996, 7 (4): 428 - 443.

[48] Locke, E. A., & Latham, G. P., *A theory of goal setting and task performance*, Englewood Cliffs, NJ, Prentice Hall, 1990.

[49] Lopez-Cabrales, A., Pérez-Luño, A., & Cabrera, R. V., 2009, "Knowledge as a mediator between HRM practices and innovative activity," *Hu-*

man Resource Management, 48 (4): 485 - 503.

[50] Sels, L., Winne, S., Delmotte, J., Maes, J., Faems, D., & Forrier, A., "Linking HRM and small business performance: An examination of the Impact of HRM intensity on the productivity and financial performance of small businesses," *Small Business Economics*, 2006, Vol. 26 (1): 83 - 101.

[51] Bolino, M. C., Turnley, W. H., & Bloodgood, J. M., "Citizenship behavior and the creation of social capital in organizations," *Academy of Management Review*, 2002, 27 (4): 505 - 522.

[52] Messersmith, J. G., Patel, P. C., Lepak, D. P., & Gould-Williams, J. S., "Unlocking the black box: Exploring the link between high-performance work systems and performance," *Journal of Applied Psychology*, 2011, 96: 1105 - 1118.

[53] Morris, M., Schindehutte, M., & Allen, J., "The entrepreneur's business model: Toward a unified perspective," *Journal of Business Research*, 2005, 58: 726 - 735.

[54] Mossholder, K. W., Settoon, R. P., & Henagan, S. C., "A relational perspective on turnover: Examining structural, attitudinal, and behavioral predictors," *Academy of Management Journal*, 2005, 48: 607 - 618.

[55] Nahapiet, J., & Ghoshal, S., "Social capital, intellectual capital, and the organizational advantage," *Academy of Management Review*, 1998, 23 (2): 242 - 266.

[56] Nikandrou, I., & Papalexandris, N., "The impact of M&A experience on strategic HRM practices and organizational effectiveness: Evidence from Greek firms," *Human Resource Management Journal*, 2007, Vol. 17: 155 - 177.

[57] Nonaka, I., & Takeuchi, H., "The knowledge-creating company: How Japanese companies create the dynamics of innovation," *Long Range Planning*, 1996, 29 (4): 592.

[58] Oh, H., Labianca, G., & Chung, M. H., "A multilevel model of group social capital," *Academy of Management Review*, 2006, 31 (3): 569 - 582.

[59] Orr, J. E., *Talking about machines: An ethnography of a modern job*, Cornell University Press, 1996.

[60] Paauwe, J., "HRM and performance: Achievements, methodological

issues and prospects," *Journal of Management Studies*, 2009, 46 (1): 129 - 142.

[61] Paauwe, J., Wright, P., & Guest, D., *HRM and performance: What do we know and where should we go?* in Paauwe, J., Guest, D. E., & Wright, P. M. (Eds.), *Human resource management and performance: Achievements and challenges*, Chichester, Wiley, 2013: 1 - 14.

[62] Papa, M. J., "Communication network patterns and employee performance with new technology," *Communication Research*, 1990, 17: 344 - 368.

[63] Wright, P. M., Dunford, B. B., & Snell, S. A., "Human resources and the resource based view of the firm," *Journal of Management*, 2001, 27: 6701 - 6721.

[64] Pil, F. K., & Leana, C., "Applying organizational research to public school reform: The effects of teacher human and social capital on student performance," *Academy of Management Journal*, 2009, 52 (6): 1101 - 1124.

[65] Podsakoff, P. M., MacKenzie, S. B., Paine, J. B., & Bachrach, D. G., "Organizational citizenship behaviors: A critical review of the theoretical and empirical literature and suggestions for future research," *Journal of Management*, 2000, 26 (3): 513 - 563.

[66] Purcell, J., *Understanding the people and performance link: Unlocking the black box*, CIPD Publishing, 2003.

[67] Purcell, J., & Hutchinson, S., "Front-line managers as agents in the HRM-performance causal chain: Theory, analysis and evidence," *Human Resource Management Journal*, 2007, Vol. 17: 3 - 20.

[68] Quinn, J. B., Anderson, P., & Finkelstein, S., "Managing professional intellect: Making the most of the best," *Harvard Business Review*, 1996, March-April: 71 - 80.

[69] Reagans, R., & McEvily, B., "Network structure and knowledge transfer: The effects of cohesion and range," *Administrative Science Quarterly*, 2003, 48 (2): 240 - 267.

[70] Reagans, R., & Zuckerman, E. W., "Networks, diversity, and productivity: The social capital of corporate R & D teams," *Organization Science*, 2001, 12 (4): 502 - 517.

[71] Renwick, D., "Line manager involvement in HRM: An inside view,"

Employee Relations, 2003, Vol. 25: 262 - 280.

[72] Ring, P. S., & Van de Ven, A. H., "Structuring cooperative relationships between organizations," *Strategic Management Journal*, 1992, 13 (7): 483 - 498.

[73] Matusik, S. F., & Hill, C. W. L., "The utilization of contingent work, knowledge creation, and competitive advantage," *Academy of Management Review*, 1998, Vol. 23, No. 4: 680 - 697.

[74] Smith, K. G., Collins, C. J., & Clark, K. D., "Existing knowledge, knowledge creation capability, and the rate of new product introduction in high-technology firms," *Academy of Management Journal*, 2005, 48 (2): 346 - 357.

[75] Sparrowe, R. T., Liden, R. C., Wayne, S. J., & Kraimer, M. L., "Social networks and the performance of individuals and groups," *Academy of Management Journal*, 2001, 44: 316 - 325.

[76] Spender, J. C., "Making knowledge the basis of a dynamic theory of the firm," *Strategic Management Journal*, 1996, 17: 45 - 62.

[77] Sun, L. Y., Aryee, S., & Law, K. S., "High performance human resource management practices, citizenship behavior, and organizational performance: A relational perspective," *Academy of Management Journal*, 2007, 50 (3): 558 - 577.

[78] Takeuchi, R., Lepak, D. P., Wang, H., & Takeuchi, K., "An empirical examination of the mechanisms mediating between high-performance work systems and the performance of Japanese organizations," *Journal of Applied Psychology*, 2007, 92 (4): 1069 - 1083.

[79] Tsai, W., & Ghoshal, S., "Social capital and value creation: The role of intra firm networks," *Academy of Management Journal*, 1998, 41 (4): 464 - 476.

[80] Van de Ven, Delbeq, & Koenig, "Determinants of coordination modes within organizations," *American Sociological Review*, 1976, Vol. 41, No. 2: 322 - 338.

[81] Van Wijk, R., Jansen, J. J., & Lyles, M. A., "Inter-and intra-organizational knowledge transfer: A meta-analytic review and assessment of its antecedents and consequences," *Journal of Management Studies*, 2008, 45 (4): 830 - 853.

[82] Wall, T. D., & Wood, S. J., "The romance of human resource management and business performance, and the case for big science," *Human Relations*, 2005, 58 (4): 429-462.

[83] Whittaker, S., & Marchington, M., "Devolving HR responsibility to the line: Threat, opportunity or partnership?" *Employee Relations*, 2003, Vol. 25: 245-261.

[84] Wright, P. M., Gardner, T. M., Moynihan, L. M., & Allen, M. R., "The relationship between HR practices and firm performance: Examining causal order," *Personnel Psychology*, 2005, 58 (2): 409-446.

[85] Xiao, Z., & Tsui, A. S., "When brokers may not work: The cultural contingency of social capital in Chinese high-tech firms," *Administrative Science Quarterly*, 2007, 52 (1): 1-31.

[86] Youndt, M. A., & Snell, S. A., "Human resource configurations, intellectual capital, and organizational performance," *Journal of Managerial Issues*, 2004, 16 (3): 337-360.

[87] 程德俊，赵曙明．高参与工作系统与企业绩效：人力资本专用性和环境动态性的影响．管理世界，2006 (3).

[88] 范秀成，英格玛·比约克曼．外商投资企业人力资源管理与绩效关系研究．管理科学学报，2003 (2).

[89] 蒋春燕，赵曙明．社会资本和公司企业家精神与绩效的关系：组织学习的中介作用——江苏与广东新兴企业的实证研究．管理世界，2006 (10).

[90] 蒋建武，赵曙明，戴万稳．战略人力资源管理对组织创新的作用机理研究．管理学报，2010 (7).

[91] 林亚清，赵曙明．构建高层管理团队社会网络的人力资源实践、战略柔性与企业绩效——环境不确定性的调节作用．南开管理评论，2013 (2).

[92] 刘宁．社会网络对企业管理人员职业生涯成功影响的实证研究．南开管理评论，2008 (6).

[93] 刘善仕，周巧笑，晁罡．高绩效工作系统与组织绩效：中国连锁行业的实证研究．中国管理科学，2005 (2).

[94] 苏中兴．转型期中国企业的高绩效人力资源管理系统：一个本土化的实证研究．南开管理评论，2010 (4).

[95] 吴俊杰，戴勇．企业家社会网络、组织能力与集群企业成长绩效．管理学报，2013 (4).

[96] 徐国华，扬东涛．制造企业的支持性人力资源实践、柔性战略与公司

绩效．管理世界，2005（5）．

[97] 袁勇志，李佳．企业家社会网络与初创企业绩效关系的实证研究．科技管理研究，2013（4）．

[98] 张徽燕，李端凤，姚秦．中国情境下高绩效工作系统与企业绩效关系的元分析．南开管理评论，2012（3）．

[100] 张一弛，李书玲．高绩效人力资源管理与企业绩效：战略实施能力的中介作用．管理世界，2008（4）．

[101] 张正堂．人力资源管理活动与企业绩效的关系：人力资源管理效能中介效应的实证研究．经济科学，2006（2）．

[102] 周密，司训练，赵文红．团队内社会网络质量、工作竞争对团队成员知识转移的影响研究．南开管理评论，2009（6）．

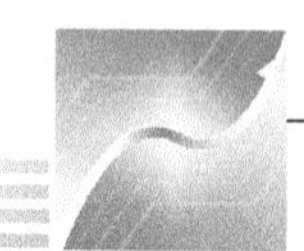

第2章 合作型人力资源管理与员工组织内社会网络

在上一章中，我们重点介绍了本书的相关理论基础和研究内容的整体设计。在本章中，我们首先对什么是合作型人力资源管理进行阐述，对合作型人力资源管理和其他人力资源管理模式之间的区别和联系做出解释，并对合作型人力资源管理的测量进行初步探索；其次重点研究合作型人力资源管理如何影响员工组织内社会网络的形成，包括员工与同事之间社会联系的数量和强度。

2.1 合作型人力资源管理的内涵与测量

早期的合作型人力资源管理主要是用于具有伙伴关系的组织之间的管理，是以建立合作方之间的信息分享与信任为导向的（Ring & Van de Ven，1992）。研究指出，组织联盟之间需要信息分享与信任，才能达到互惠及合作的效果（Dyer，1996）。当组织之间寻求合作时，就面临自己所拥有的特殊知识扩散出去的危险（Parkhe，1993），这就会导致组织之间的不信任。因此，组织间若想建立真正的合作关系，会倾向于在双方的合作关系上投资，促进合作的组织成员之间信任的产生，而不是去发展对方的人力资本（Lepak & Snell，1999，2002）。因此，合作型人力资源管理是一种鼓励合作、信息分享，投资于合作关系而不是个体本身的人力资源管理模式（Dyer，1996；Ring & Van de Ven，1992）。相应地，公司通常会安排团队建设活动和团队层面的评估，注重促进双方的合作关系（Matusik & Hill，1998），公司还倾向于建立团队奖励制度以鼓励成员去分享和传递信息（Davenport & Prusak，1998；Quinn，Anderson & Finkelstein，1996）。这些以团队建设活动、团队层面的评估以及团队奖励制度为代表的人力资源管理实践是最早的合作型人力资源管理实践。Lepak & Snell（1999）在关于人力资源构型的论文中也提出合作型人力资源管理的概念，用来针对外包商或合作方提供的特殊人力资本的管理。

合作型人力资源管理随后同样被用于组织内的分析，旨在促进组织内合作的形成。Lopez-Cabrales et al.（2009）把这种人力资源管理称为基于团队（team based HRM）的人力资源管理，比如，员工选拔中要强调团队合作技能，把团队合作技能作为员工培训的重要内容，考核和激励机制的设计以团队为单位。他们认为这种人力资源管理通过知识创造、分享、转化等中介影响员工的创新。Kang et al.（2007）提出，针对知识型员工的人力资源管理，内容包括相互依赖的工作结构、团队导向的员工选拔和社会化措施，重视集体价值观的开发等，其实施有利于促进组织内部的知识创造和组织学习。Collins & Clark（2003）关于人力资源管理、高管团队和组织绩效的关系的研究中提出了社会网络建设型人力资源管理实践（network-building HR practices）。他们认为，这种管理实践包括高管团队的关系建设、基于社会网络的绩效管理，更鼓励员工进行团队合作的薪酬体系等一些常见的提升企业社会资本的人力资源管理实践。尽管不同学者在概念上略有差别，但这些概念在内涵上都有类似的地方。

在上述文献的基础上，本书对合作型人力资源管理的概念进行统一界定。我们认为，合作型人力资源管理是一种旨在强化组织内部员工之间的社会联系与互动合作的人力资源管理模式，它由一系列重视员工的合作能力、合作动机和合作机会的管理政策与实践组成。根据战略性人力资源管理的 AMO 模型（Appelbaum et al.，2000；Bailey et al.，2000；Delaney & Huselid，1996），我们可以从能力、动机和机会三个维度对合作型人力资源管理的外延进行探讨。

第一，从能力的角度看，合作型人力资源管理应该包含相关管理政策与实践，这些政策与实践有利于提高组织中员工的合作能力，或者是发展与同事的社会联系方面的能力。比如，企业可以在新员工招聘中重视考察候选人的团队合作与人际能力，可以把团队合作与人际方面的能力作为培训的重要内容，可以实施师带徒或导师制等措施帮助新员工融入企业等。已有文献也指出，聚焦组织内员工社会资本的人力资源管理实践在招聘中需要重点关注具有较好团队合作与人际沟通能力的候选人（Lengnick-Hall & Lengnick-Hall，2003）；企业也应该为员工提供关系建立和团队合作能力的相关培训（Collins & Smith，2006；Lopez-Babrales et al.，2009）。

第二，从动机的角度看，合作型人力资源管理应该包含那些能够激发员工彼此合作的动机、增强员工与同事之间的社会联系意愿方面的管理政策与实践。比如，企业可以让团队合作技能和意识高的员工更容易获得加薪，企业在提拔员工时会把与他人的合作能力作为重要依据，企业的绩效考核与奖励体系关注员工之间的合作成果而不是个体的绩效目标等。已有文献也指出，企业内部晋升机制能够促进员工与同事之间的沟通（Collins & Smith，2006）；团队导向的薪酬方案能够激励员工为共同目标努力，并充分沟通信息，建立信任（Leana & Van Buren，1999）。

第三，合作型人力资源管理应该包含能够为员工与同事之间的合作与社会联系提供更多机会的管理政策和实践。比如，企业可以采用更多的团队工作形式，举办内部社交活动促进员工彼此之间熟悉，开展岗位轮换活动让员工有机会认识不同部门的同事，组建跨部门团队来完成工作任务等。已有文献也提到，聚焦组织内员工社会资本的人力资源管理会安排内部的社交活动增强员工之间的互动（Collins & Smith，2006；Lengnick-Hall & Lengnick-Hall，2003）；持续进行的工作轮换也能帮助员工扩大熟人圈（Lopez-Babrales，2009；Kaše et al.，2009）；员工参与到团队合作相关的培训中能增强他们与团队成员之间联系的机会（Morris et al.，2005）。

在编制合作型人力资源管理的量表时，我们首先从理论文献上整理不同研究中提到的各项合作型人力资源管理实践。我们还重点参考了 Lepak & Snell（2002）的合作型人力资源构型、Youndt & Snell（2004）的合作型人力资源管理、Collins & Clark（2003）的网络构建型人力资源管理等不同测量量表，对文献和量表中出现的各项合作型人力资源管理实践按照合作能力、合作动机、合作机会三个维度进行归类。我们还访谈了 6 位中关村 IT 企业的人力资源总监，了解 IT 企业在现实中采用了哪些管理政策和实践来促进员工之间的交流与合作。在理论分析、文献总结与对人力资源总监开展访谈的基础上，我们共提炼出 16 个条目，形成了合作型人力资源管理的最初测量问卷。

2011 年，我们对中关村 IT 企业的 120 多位人力资源总监进行了问卷调查。根据收回来的问卷，我们先是开展了探索性因子分析，结果发现因子分析的结果并没有像理论推导的那样呈 AMO 三个维度分布，而是呈现不太清晰的结果，并且一些条目的交叉载荷高于 0.4。事实上，这种情况在战略性人力资源管理研究中并不少见，因为某些特定的人力资源管理实践可能会同时影响员工的能力、动机和机会。心理学和组织行为学的研究通常是围绕某个潜变量的理论内涵来编制主观量表，但是人力资源管理的很多政策和实践来源于企业中的客观事实。所以，与心理学研究刻意强调量表的建构效度不同，战略性人力资源管理领域的实证研究通常把人力资源管理测量的所有条目作为一个系统来整体对待，所有条目的平均分代表人力资源管理的得分。采取这种做法也是因为不同人力资源管理实践之间存在内在的相关性和横向匹配的要求。本书参照 Takeuchi et al.

(2007) 的做法，通过单因子方法进行抽取，发现所有 16 个条目在单一因子上有 0.55 及以上的因子载荷（超过 Takeuchi et al.（2007）研究中 0.37 的因子载荷），并且这一因子解释了 47.63%的变异（超过 Takeuchi et al.（2007）研究中 35.82%的解释量），特征值为 8.134（超过 Takeuchi et al.（2007）研究中的 7.88）。因此，本书接下来的诸多实证研究把合作型人力资源管理作为单一维度对待是合理的。单因子分析结果如表 2—1 所示。

表 2—1　　合作型人力资源管理实践的因子分析结果

问卷题目	因子载荷
相互协作的成果是实施物质奖励的重要依据	0.777
团队技能和合作意识强的人更容易获得加薪	0.751
与他人的合作能力是提拔员工的重要依据	0.743
培训员工有关团队建设和团队工作的技能	0.739
召开各种信息分享的会议	0.731
采用基于团队的奖励体系	0.714
团队合作能力是招聘中考察的重要内容	0.691
采用跨部门团队和网络来完成工作	0.690
支持非正式组织的成立，让拥有共同爱好的员工彼此认识	0.679
很多工作是基于团队形式开展的	0.673
经常举办内部社交活动，让员工彼此认识和了解	0.672
大部分工作是相互依赖的，而不是彼此独立的	0.672
培训员工如何在公司内部建立融洽的人际关系	0.663
为员工提供跨部门横向流动的职业机会	0.651
实行正式的导师制（师带徒）来帮助员工成长	0.618
通过工作轮换来扩大员工的工作技能	0.546

2015 年，我们在上海对企业的人力资源经理进行调查。根据调查数据我们发现，如果删除一些条目，只保留 9 项管理实践，则可以得出和 AMO 理论模型比较一致的测量量表（X Square=40.43，df=24，$p<0.05$；CFI=0.95，TFI=0.93，RMSEA=0.075，SRMR=0.07）。简化的 9 道题的测量量表如表 2—2 所示。

表 2—2　合作型人力资源管理测量量表（简化版）

能力
与他人的合作能力是提拔员工的重要依据
团队合作能力是招聘中考察的重要内容
实行正式的导师制（师带徒）来帮助员工成长
动机
评价体系包含对员工的人际关系与合作能力的评估
团队技能和合作意识强的人更容易获得加薪
奖励员工之间相互协作的成果
机会
公司开展工作轮换
经常举办内部社交活动，让员工彼此认识和了解
大部分工作是相互依赖的，而不是彼此独立的

但是，这种简化测量删除了企业中客观存在一些比较重要的管理实践，可能并不能反映企业中合作型人力资源管理的全部内容。因此，在本书的后续实证研究中，我们并没有采用该简化的量表进行测量。这里给出结构清晰的简化量表是为了给其他学者的后续研究在测量上提供一些可能的启示。

2.2　合作型人力资源管理如何影响员工组织内社会网络

2.2.1　合作型人力资源管理与员工组织内社会网络

社会网络通常被看做社会资本的结构维度。Barry & Berkowitz（1988）认为，"社会网络是由个体间的社会联系构成的相对稳定的系统"。Burt（1992）认为，社会网络，就是"同事、朋友和更普遍的联系"，是"由个体之间的社会联系构成的相对稳定的系统"。个体的社会联系（social tie）是社会网络的核心组成（Seibert, Kraimer & Liden, 2001）。本书所指的员工组织内社会网络是指员工所拥有的和组织内同事之间的社会联系的总和，这种总和可以通过社会联系的数量（tie number）、频率（frequency）和深度（closeness）来表现。最近的一些研究表明，社会联系的频率和深度存在较强的相关性，可以共同组成社会联系的强度（tie strength）（Collins & Clark，2003；Pil & Leana，2009）。因此，在本书中，我们把社会联系的数量和强度作为员工组织内社会网络的两个关键维度。其中，社会联系的数量刻画了员工和多少同事进行信息和知识的交换，而社会联系的强度则是对这种交换的频率和紧密程度的描述。Collins & Clark（2003）在一项研究中将高管的社会网络定义为高管所拥有的社会联系的集合，分为规模、范围和强度三个维度，规模是指联系人的数量，范围被定义为联系人的多样性，强度被定义为联系的紧密程度。当然，和高管更多接触的是金融机构、供应商、经销商等外部社会网络不同，本研究中的员工组织内社会网络主要是指员工和组织内部同事之间的社会联系的集合。由于高科技企业的产品研发是由员工和他们的同事完成的，因此员工组织内社会网络在很大程度上影响着企业的知识交换和创造，从而影响企业的产品研发和竞争优势。

目前有很多研究聚焦在员工间社会网络的作用结果，但是对于员工间社会网络是如何形成的研究为数甚少（Kaše et al.，2009）。在已有的研究中，影响个体之间社会网络形成的因素主要有：个体相似性（homophily）、个体人格特征（personality）、距离和组织结构（proximity and organizational structure）以及环境因素（environmental factors）等（Brass，Galaskiewicz，Greve & Tsai，2004）。Brass et al.（2004）认为，组织内的文化、选拔、社会化进程以及奖励系统都可能影响员工在多大程度上参与并形成社会网络。组织结构也可以影响组织内社会网络的形成。研究表明，组织的有机结构与机械结构相比，可以形成更加灵活、没有限制的社会网络（Tichy & Fombrun，1979；Shrader，Lincoln & Hoffman，1989）。另外，组织文化等也被认为是影响员工间社会网络的重要因素（Monge & Eisenberg，1987）。Liebeskind et al.（1996）在研究中强调了组织自身的制度、规定和流程在支持其社会网络建设上所起的重要作用，并指出组织的政策必须支持社会网络的形成及运行。

事实上，组织提供这样的支持是知识型企业的一项重要能力（Henderson & Cockburn，1994）。Leana & Van Buren（1999）认为，人力资源管理实践是企业用于管理组织内员工之间社会联系的最主要手段。

在上述理论文献的基础上，本书认为，人力资源管理是企业用来管理组织中成员的社会网络的重要手段。根据 AMO 理论（Locke & Latham，1990），特定行为的产生（比如员工组织内社会网络的形成）需要能力、动机、机会三方面来推动。因此，为了促使员工构建自己的组织内社会网络，组织就必须提供相应的机制来鼓励这样的行为。绩效考核和薪酬体系是人力资源管理系统用于强化特定行为的重要手段（Latham & Wexley，1981）。当绩效考核以团队及合作结果为基础时，员工更倾向于相互合作，形成组织范围内的社会网络，以达到团队甚至组织的共同目标（Eisenberger & Armeli，1997；Kunkel，1997）。在职位晋升中强调候选人的团队合作能力也会强化员工构建社会网络的动机。人力资源管理还可以提高员工构建社会网络所需要的技能。比如，招聘中考察求职者的团队合作技能、开展团队合作和人际关系的技能培训、老成员指导新成员的导师制等管理措施都可以提高员工构建社会网络的技能。研究表明，企业对员工团队合作能力进行培训，可以提高员工的人际交往能力，从而促进员工之间的互动和沟通，并且有利于团队内新想法的产生与流动（Lepak et al.，2003；Ulrich，1998）。企业的人力资源管理还需要为员工进行团队合作和建立社会网络提供机会，比如为员工提供社交时间和资源支持、通过举办和赞助内部活动来增加员工与同事接触的机会、设计相互依赖的工作结构、实行轮岗等。研究表明，通过设计相互依赖的工作结构可以促进员工之间社会网络的形成（Delaney & Huselid，1996；Gittell，2000；Kang，Morris & Snell，2007）；轮岗制可以加强员工之间的互动和联系（Dyer & Nobeoka，2000）。总结而言，我们认为，合作型人力资源管理能够提高员工构建组织内社会网络的动机、能力和机会，从而促进员工组织内社会网络的形成。

合作型人力资源管理对员工组织内社会网络的影响还可以通过类聚（assortative）、关系（relational）和毗邻（proximity）三种机制得到解释（Rivera，Soderstrom & Uzzi，2010）。首先，类聚机制的产生是因为合作型人力资源管理可以通过招聘有合作精神的员工、对员工进行合作能力方面的培训等措施，让组织中的员工逐渐拥有共同的特征——都具备团队合作精神与合作能力。一个有合作精神的员工更有可能和同样具备合作精神的员工之间建立社会联系，无论是联系的数量还是强度都会加强。其次，关系机制会进一步扩大员工与同事之间的社会网络。关系机制认为，如果员工之间因为彼此合作而得到互惠，他们就更有可能因为这次合作而发展出下次有意义的合作。也就是说，员工会更加倾向于与已经有过愉快合作经历的员工再次合作（Guimera，2005；Gulati，1995；Tsai，2001），也可能和现有朋友的朋友发展出新的合作关系（Rivera et al.，2010）。在合作型人力资源管理的设计中，无论是绩效考核、晋升，还是奖励制度等方面的设计都强调以员工之间的合作成果为导向，员工可以从合作中得到互惠，这样员工就更有可能再次合作。合作型人力资源管理强调的团队工作设计、工作轮换、内部社交活动等措施也会让员工接触更多的新同事，有机会遇到朋友的朋友，从而扩大员工在组织内的社会网络。最后，合作型人力资源管理还通过毗邻机制促进员工间社会网络的扩大。毗邻机制是指当员工在短距离的物理空间或社会空间内共处时，彼此之间更有可能发生社会联系（Rivera et al.，2010）。合作型人力资源管理提供了彼此依赖的团队工作设计、信息分享会议、内部社交活动等措施，这些都为员工提供了更多的机会能够在同一个场所内相处，而基于团队合作成果的考核与奖励制度设计也能缩短员工之间心理上的距离。

因此，无论是从能力、动机和机会的视角论证，还是从类聚、关系和毗邻的机制解析，合作型人力资源管理都会对员工与同事之间的社会联系的数量和强度带来积极影响。所以本章提出假设 2.1。

假设 2.1：合作型人力资源管理与员工组织内社会网络（社会联系的数量和强度）正相关。

2.2.2 合作型人力资源管理与组织的合作气氛

“气氛”（climate）一词从 20 世纪 50 年代组织心理学发展成为一门独立分支学科开始，就成为我们认识和理解组织的一个重要概念。组织气氛是“员工对特定情境中的管理实践、制度以及被奖励和支持的行为模式的共同感知”（Schneider，White & Paul，1998）。或者说，组织气氛反映了员工对一个组织重视什么和期望与奖励什么的认知（Bowen & Ostroff，2004）。随着对气氛研究的深入，一些学者开始提倡研究特定方面的气氛（facet-specific climates），比如安全气氛、服务气氛、授权气氛、创新气氛等。合作气氛正是一种特定的气氛。Wagner（1995）将合作气氛定义为一种组织规范，这种组织规范强调个人努力对团体成果而非个人成果的贡献，并且认为当员工间有共同的目标时，他们会更倾向于互相合作以达到目标。Nahapiet & Ghoshal（1998）认为，合作气氛打开了交换知识的通道并且确定了交换的动机，为知识交换建立了强有力的基础。虽然不同研究对组织合作气氛的具体定义不同，但都认为合作气氛是一种员工对组织鼓励团队合作和内部交换的感知，这种感知有利于知识的共享与传播。

Ferris et al.（1998）指出，企业采用的人力资源管理系统的类型会影响组织特定气氛的形成。Ostroff & Bowen（2000）也认为，一个特定性质的人力资源管理系统会向员工发送特定性质的信号，这有助于员工理解什么是对这种信号的正确反应，从而在集体层面上形成对组织期望的共同认知。基于这些理论论述，本书认为，合作型人力资源管理包含的一系列政策和实践向员工明确传递了组织期望和奖励员工合作行为的信号。比如，基于团队合作的工作设计、基于团队合作的绩效考核和薪酬设计等措施鼓励员工聚焦于彼此的合作成果，有助于形成共享的价值观和目标。基于员工合作能力的培训和社会化项目能够帮助员工理解和内化企业的独特价值观和文化，这其中包括认知模式，而共享的认知模式会促进合作气氛的形成。在招聘和晋升中强调员工的合作技能，这同样向员工传达了组织鼓励和重视合作行为的信号。

总结而言，合作型人力资源管理包含的各项管理政策和实践都向员工传递了组织对员工之间的互动与合作的重视，员工对这种信号的共同认知实际上就形成了一个组织的合作气氛。因此，我们提出假设 2.2。

假设 2.2：合作型人力资源管理与组织的合作气氛正相关。

2.2.3 合作型人力资源管理与员工组织内社会网络的中介机制

气氛定义了什么是合适的行为，什么是不合适的行为，因此可以引导员工的个人行为（Portes & Sensenbrenner，1993）。创造一个有利于知识分享的组织气氛对于高科技企业而言特别关键，因为它们的员工经常将知识看做权力和职业安全的一种保障，这种感觉使他们不愿意和其他员工分享隐性的知识（Davenport & Prusak，1998）。研究者认为组织的合作气氛可以鼓励员工关注组织利益而不是个人利益，这可能有益于员工之间知识的交换和结合（Nahapiet & Ghoshal，1998；Reagans & McEvily，2003；Smith et al.，2005）。Argote（2003）认为合作气氛可以影响员工的能力、动机和交换整合知识的机会。Nahapiet & Ghoshal（1998）认为合作气氛促进了团队成员之间的联系，并且创造了个人同团队成员交换知识的动机。Tushman & O'Reilly（1997）发现合作气氛是有效创新的关键。

组织的合作气氛会在员工工作的各个时期影响他们。社会化方面的文献表明新员工进入组织初期，他们的社交和工作行为都将受到组织共同价值观的影响从而被社会化（Louis，1980）。在员工日常工作中，合作气氛在促进员工间社会网络的形成方面也起到了重要作用。当组织中存在合作气氛时，人们会因为合作是组织中共享的价值观而增加与他人的社会联系。员工会更倾向于一起工作、增加联系互动来分享和开发隐性知识（Janz & Prasarnphanich，2003）。相反，如果合作气氛比较弱或者不存在，员工会观察到组织在与同事互动方面的要求较低，因此会减少员工构建社会联系的行为（Chen & Huang，2007）。合作气氛促进形成社会网络的另一个原因在于限制了知识分享潜在的负面作用——竞争。个人跟同事分享他知道什么后，这两个人在组织里就变得冗余。因为他们有很多相同的知识，那么在知识网络中就有被替代的可能性（Reagans & McEvily，2003）。而合作气氛更关注团队的产出，降低了组织内个

人竞争的强度，可以转移潜在冲突并促进知识传播（Ingram & Roberts，2000）。Aukje & Isabel（2005）进一步指出，具有合作气氛的组织，其成员之间存在自发性互助与支持，并具有高度的凝聚力和团队精神，这些行为会有效促进员工组织内社会网络的形成。

组织气氛常常被认为是人力资源管理与其他变量之间的中介变量。Collins & Clark（2003）认为，人力资源管理并不直接影响绩效，而是通过培养组织气氛而有益于员工能力的发展——比如员工进行信息交换与整合以创造新知识的能力，最终创造竞争优势。Bowen & Ostroff（2004）认为，组织气氛被普遍定义为员工对正式和非正式组织的政策、实践和过程的知觉，而人力资源管理系统正是组织政策和实践的重要组成部分，由此可见，人力资源管理系统在确定气氛的过程中扮演了重要角色。换句话说，人力资源管理对于组织气氛的影响比对员工的知识交换等行为的影响更为直接。

综上所述，我们认为，组织的合作气氛是员工对组织的人力资源管理政策、实践所传递的强调合作的信号的感知。合作型人力资源管理对员工组织内社会网络的跨层面影响不是直接的，而是首先在组织内部形成了一种员工能够感知到的合作气氛，这种合作气氛的存在会让员工去积极扩大自己在组织内的社会网络。因此，我们提出假设2.3。

假设2.3：组织合作气氛对合作型人力资源管理和员工组织内社会网络之间的关系起到了中介作用。

2.3　研究方法与实证结果

2.3.1　样本与数据

本研究的样本来自北京中关村科技园区的IT企业。由于测量量表的部分条目来源于英文研究，为保证概念的一致性，我们采用了标准的问卷翻译流程，由两名精通两种语言的研究者将量表从英文翻译为中文，然后再找两名研究者将量表译回英文。通过如此不断循环的过程改进了翻译，解决了可能存在的语境差异性的问题。在正式调查前，我们让两家企业的相关人员对问卷进行了试填答，请他们在填完问卷后反馈问卷存在的问题，以便我们进行最后的确认和修改。

本章研究所用的数据来源于我们在2011年对中关村IT企业的调查。在中关村IT人才协会的大力帮助下，我们通过电话联系了协会会员企业名录上各企业的人力资源经理，邀请他们所在的企业参加此次调查。然后，我们向这些企业发送了包含一封介绍信和三份不同调查问卷超级链接的电子邮件。为提高企业的重视程度，我们的介绍信加盖了中关村管委会的公章。在介绍信中，我们解释了本次调查的目的以及如何通过点击不同的链接来填写问卷，同时保证每个企业的数据都会进行保密处理。直线经理、人力资源经理和技术部门的员工这三类调查对象需要通过点击不同的超级链接来完成相应问卷的在线填写。一旦填写完毕点击提交，后台服务器便会自动生成一份Excel文档，从而避免了纸质问卷调查中存在的人工录入差错。我们共向244家企业发送了邮件，一个月后，我们联系了那些没有返回调查问卷的企业，以获得尽可能多的数据。

最终，有126位人力资源经理、120位直线经理和830位员工完成并返回了问卷。我们从中挑选出至少有1份人力资源经理问卷、1份直线经理问卷和3份员工问卷的企业，以满足多层面多来源（multi-level multi-source）数据的要求。通过这个步骤，可用的数据还剩下64家企业、397名员工，平均每家企业有6.2名员工参加调查。从样本企业的规模看，50名员工以下的有11家，50～100名员工的有5家，101～500名员工的有21家，501～1 000名员工的有9家，1 000名员工以上的有18家。从样本企业的存续年限看，存续时间在5年及以下的有14家，6～10年的有16家，11～15年的有19家，16～20年的有8家，20年以上的有7家。从企业所有制形式看，有17家企业是外商独资或合资企业，47家是国内企业。统计表明，这64家企业和被删除的企业在人力资源管理得分以及企业存续年限、规模、所有制形式等方面没有显著差异，因此可以认为留下的企业样本是有代表性的。

根据以往的文献综述和我们的研究假设，组织层面的合作型人力资源管理、由个体数据聚合而成的组织层面的合作气氛、个体层面的员工组织内社会网络，这三个变量之间的关系检验涉及跨层面问题。为了确保假设检验的准确性和科学性，我们采用了阶层线性模型方法（HLM）进行数据分析。

2.3.2 测 量

1. 合作型人力资源管理的测量

在本研究中，我们对合作型人力资源管理的测量采用了本章在第1节中呈现的量表，包括16项管理实践，涵盖了员工合作能力、激励和机会三要素。比如，“团队合作能力是招聘中考察的重要内容”、“培训员工有关团队建设和团队工作的技能”、“培训员工如何在公司内部建立融洽的人际关系”等措施旨在提高员工发展与同事之间社会联系的能力；“团队技能和合作意识高的人更容易获得加薪”、“相互协作的成果是实施物质奖励的重要依据”、“与他人的合作能力是提拔员工的重要依据”等措施旨在提高员工发展与同事之间社会联系的动机；“很多工作是基于团队形式开展的”、“经常举办内部社交活动，让员工彼此认识和了解”、“支持非正式组织的成立，让拥有共同爱好的员工彼此认识”等措施旨在增加员工发展与同事之间社会联系的机会。人力资源经理和直线经理被要求根据问卷中合作型人力资源管理的描述和其所在公司实际做法的相符程度进行打分。问卷采用利克特5级量表，1代表“非常不符合”，5代表“非常符合”。本次测量的α系数为0.93。战略性人力资源领域的实证研究通常把人力资源管理的测量作为一个系统来整体对待，所有条目的平均分代表人力资源管理的得分。

鉴于以往学者对用人力资源经理的单一回答来代表企业人力资源管理状况存在质疑，我们在调查中同时让直线经理和人力资源经理对合作型人力资源管理实践进行评估，他们的回答呈现显著正相关（$\gamma=0.311$，$p<0.05$），R_{wg}平均值为0.86，高于0.70的标准，因此，人力资源经理和直线经理在人力资源管理评估上的得分可以

聚合到组织层面。

2. 合作气氛的测量

组织的合作气氛的量表来自 Chatman & Flynn（2001）的研究，共4道题，包括“保持公司内部的和谐对员工而言非常重要”、“我们公司的员工愿意为组织利益牺牲自身利益”等。问卷采用利克特5级量表，1代表“非常不同意”，5代表“非常同意”。本次测量的 α 系数为0.727。四个条目呈现清晰的单因子结果，如表2—3所示。

表2—3　　合作气氛的因子分析结果

问卷题目	因子载荷
我们公司的员工愿意为组织利益牺牲自身利益	0.846
我们公司的员工之间存在高度的分享意识	0.894
我们公司的员工之间存在高度的合作	0.854
保持公司内部的和谐对员工而言非常重要	0.556

由于组织的合作气氛是组织层面的概念，我们需要把个体层面的数据聚合到组织层面。统计表明，员工回答的组织合作气氛的 R_{wg} 平均值为0.82，超过了0.70的可接受标准。因此，每个企业内部个体数据的平均值可以作为组织层面合作气氛的测量值。

3. 员工组织内社会网络的测量

参考 Collins & Clark（2003）以及 Pil & Leana（2009）的研究，社会网络的测量主要包括网络中社会联系的数量、频率和深度。社会联系的数量采用一道题来测量，即“在公司内部，你经常讨论专业知识或交流技术信息的同事有几个?”，选项得分从1到7，1代表“0个”，2代表“1个”，3代表“2个”，4代表“3个”，5代表“4个”，6代表“5个”，7代表“6个及以上”。社会联系的频率采用一道题来测量，即“在过去的一个月里，你和这些同事讨论专业知识或交流技术信息的次数大致是多少?”，选项得分从1到5，1代表“0～5次”，2代表“6～10次”，3代表“11～15次”，4代表“16～20次”，5代表“21次及以上”。社会联系的深度采用一道题来测量，即“总体来说，你觉得你和同事讨论专业知识或交流技术信息的深度如何?”，选项得分从1到5，1代表“很不深入”，2代表“不太深

入”，3 代表“一般”，4 代表“比较深入”，5 代表“非常深入”。本次测量的内部一致性信系数 α 为 0.723。参考以往的研究，我们把联系频率和联系深度的平均值作为联系的强度来对待，社会联系的数量和强度共同组成了对员工组织内社会网络的特征描述。

4. 控制变量

在个体层面，我们将员工的性别和工作年限作为控制变量，以防止性别和工作经验带来的影响。在组织层面，我们将企业存续年限、所有制形式和规模作为控制变量。企业存续年限和所有制形式可能对组织合作气氛的形成有影响，而企业规模则可能会影响员工组织内社会网络的规模。

2.3.3　实证结果

各变量的均值、标准差以及它们之间的相关系数如表 2—4 所示。可以看出，在组织层面上，合作型人力资源管理与聚合后的组织合作气氛显著正相关。企业年龄和企业规模显著正相关。在个体层面上，员工感知到的合作气氛与员工组织内社会网络（联系数量和联系强度）显著正相关。

接下来，我们首先把员工组织内社会网络作为一个整体变量（取联系数量与联系强度的平均值）进行跨层面分析（见表 2—5）。

在本模型中，由于自变量 X_j（合作型人力资源管理）对因变量 Y_{ij}（员工组织内社会网络）的影响涉及层面 2 变量对层面 1 变量的跨层面效应，因此我们首先进行零模型检验以计算组内相关系数 ICC（1）来确认是否有必要进行跨层面分析。表 2—5 中的零模型检验结果表明，$\sigma^2=1.07$，$\tau_{00}=0.21$，计算得到 ICC（1）$=0.16$，即企业对员工间社会网络的变异占总变异的 16%，因此有必要进行跨层面分析。

其次，我们检验了自变量 X_j（合作型人力资源管理）和中介变量 M_j（组织的合作气氛）对因变量 Y_{ij}（员工组织内社会网络）的影响。表 2—5 中的模型 2 表明，自变量合作型人力资源管理与因变量员工组织内社会网络之间显著正相关（$\beta=0.27$，$p<0.05$），

表 2—4 各变量的简单相关系数

变量	均值	标准差	1	2	3	4	5	6	7	8
1. 年龄	27.44	4.72								
2. 性别	0.56	0.50	−0.06							
3. 工作年限	2.17	2.16	0.60**	−0.06						
4. 学历 1	0.21	0.41	−0.01	0.04	0.13*					
5. 学历 2	0.69	0.46	−0.05	−0.01	−0.10*	−0.77**				
6. 学历 3	0.10	0.30	0.10*	−0.04	−0.02	−0.17**	−0.50**			
7. 合作气氛（个体）	3.63	0.69	−0.06	−0.06	−0.05	0.09	−0.07	−0.01		
8. 联系数量	4.65	1.61	−0.02	0.03	−0.01	−0.07	−0.03	0.13*	0.27**	
9. 联系强度	2.95	0.97	−0.12*	0.09	−0.10*	−0.05	0.04	0.01	0.22**	0.51**
1. 企业存续年限	11.59	7.26								
2. 企业规模	5.94	1.30	0.41**							
3. 外资企业	0.25	0.44	−0.06	−0.02						
4. 民营企业	0.64	0.48	−0.20	0.01	−0.77**					
5. 国有企业	0.11	0.31	0.40**	0.02	−0.20	−0.47**				
6. 合作型人力资源管理	3.34	0.49	−0.11	0.01	−0.11	0.15	−0.08			
7. 合作气氛（组织）	3.47	0.31	−0.09	−0.08	0.12	−0.05	−0.09	0.32**		

说明：$*p<0.1$，$**p<0.01$（双尾）。

表 2—5　**社会网络的跨层面分析结果**

	零模型	模型 2	模型 3	模型 4	模型 5
变量名称	员工组织内社会网络	员工组织内社会网络	组织的合作气氛	员工组织内社会网络	员工组织内社会网络
层面 1					
截距（r_{00}）	3.49***	2.50***	2.94***	1.84**	1.51**
性别		−0.13		−0.17	−0.17
工作年限		−0.04		−0.03	−0.03
层面 2					
所有制形式		−0.00	−0.41	0.01	0.01
企业存续年限		0.01	−0.00	0.01	0.01
企业规模		0.00	−0.00	0.00	0.00
组织的合作气氛				0.49***	0.41**
合作型人力资源管理		0.27**	0.25*		0.16
残差（σ^2）	1.07	1.03	1.28	1.02	1.02
截距残差（τ_{00}）	0.21	0.12		0.07	0.11
模型变异	1 036.24	933.59		928.51	902.38

说明：*** $p<0.01$，** $p<0.05$，* $p<0.1$。

假设 2.1 得到支持。模型 4 表明，中介变量组织的合作气氛也与因变量员工组织内社会网络之间显著正相关（$\beta=0.49$，$p<0.01$）。

再次，我们检验了自变量 X_j（合作型人力资源管理）对中介变量 M_j（组织的合作气氛）的影响，模型 3 的回归结果表明，自变量 X_j（合作型人力资源管理）对中介变量 M_j（组织的合作气氛）存在显著的预测作用（$\beta=0.25$，$p<0.1$），因此假设 2.2 得到支持。

最后，当我们把中介变量 M_j（组织的合作气氛）与自变量 X_j（合作型人力资源管理）共同放入模型中，如模型 5 所示，中介变量 M_j（组织的合作气氛）与因变量 Y_{ij}（员工组织内社会网络）依然呈现显著正相关（$\beta=0.41$，$p<0.05$）。与此同时，自变量 X_j（合作型人力资源管理）与因变量 Y_{ij}（员工组织内社会网络）的相关系数由 0.27 下降到 0.16，p 值由显著（$p=0.01$）变为不显著（$p=0.14$）。因此，组织的合作气氛对合作型人力资源管理和员工组织内社会网络的关系具有完全中介作用，假设 2.3 得到支持。自变量与因变量直接相关的模型变异为 933.59，加入中介变量后的模型变异为 902.38，说明自变量通过中介变量影响因变量的模型拟合度更高。

在有关社会网络的研究中，还有一些学者认为，社会网络中社会联系的数量和强度属于含义不同的两个维度，不应该合成为一个变量来对待，而应该将联系数量和联系强度分别作为独立变量来对待。因此，接下来我们分别给出了对联系数量和联系强度的跨层面回归结果（见表 2—6）。

表 2—6 的跨层面回归结果表明，合作型人力资源管理和员工组织内社会网络中的联系数量和联系强度都显著正相关。组织的合作气氛对合作型人力资源管理与联系数量之间的关系起到了完全中介作用，对合作型人力资源管理与联系强度之间的关系起到了部分中介作用。

2.4 本章结论与讨论

在本章中，我们检验了合作型人力资源管理、组织的合作气氛

表 2—6　联系数量和联系强度的跨层面回归结果

变量	零模型		模型 1		模型 2	模型 3	
	联系数量	联系强度	联系数量	联系强度	合作气氛	联系数量	联系强度
层面 1							
截距	4.66***	2.95***	2.72***	1.98***		0.58	0.84
年龄			0.01	−0.01		0.01	−0.01
性别			0.03	0.11		0.03	0.11
工作年限			−0.04	−0.01		−0.04	−0.01
学历 2			−0.08	0.18		−0.08	0.18
学历 3			0.65*	0.33		0.65*	0.33
层面 2							
企业存续年限			0.00	0.01	−0.01	0.00	0.01
企业规模			0.01	−0.01	−0.07	0.11	0.00
外资企业			−0.13	0.00	0.18	−0.25	−0.07
民营企业			0.19	0.01	0.04	0.16	−0.01
合作型人力资源管理			0.35*	0.28**	0.34***	0.18	0.19*
组织的合作气氛						0.77***	0.41***
残差（σ^2）	2.30	0.85	2.28	0.86		2.25	0.85
截距残差（τ_{00}）	0.15	0.06	0.18	0.05		0.12	0.05
模型变异	1 436.54	1 054.43	1 447.35	1 079.91		1 444.01	1 078.83

说明：* $p<0.1$，** $p<0.05$，*** $p<0.01$。与表 2—5 相比，个体层面增加了学历等控制变量，所以对合作气氛的回归系数稍有变化。

和员工组织内社会网络之间的跨层面影响模型。研究结果表明，合作型人力资源管理能够显著影响员工组织内社会网络的形成，而组织的合作气氛起到了中介作用。也就说，当一个组织采用合作型人力资源管理时，员工和同事之间社会联系的数量和强度都会增加。

本章的研究内容有重要的理论贡献。首先，本章详细界定了合作型人力资源管理的内涵及其所包含的各项管理政策和实践，拓展了战略性人力资源管理在知识经济时代的新模型。迄今为止，战略性人力资源管理的实证研究主要集中在高绩效工作系统或承诺型人力资源管理模式上，缺乏对其他类型人力资源管理模式的研究，这导致我们对战略性人力资源管理的具体内容理解存在一定的偏差。在当前的企业管理实践中，强调团队合作和知识分享已经成为管理的主旋律。在员工间的知识交流和创造已成为高科技企业核心竞争力的今天，这种投资于员工间社会联系与合作关系的人力资源管理模式亟待引起研究者和实践者的重点关注。本章不但提出了合作型人力资源管理的内涵与测量方式，而且验证了合作型人力资源管理对员工组织内社会网络的积极影响，这在某种程度上也检验了合作型人力资源管理测量的效标效度。对高科技企业而言，这种对员工间社会网络具有积极影响的人力资源管理模式应该是企业塑造可持续竞争优势的重要手段。本章丰富了战略性人力资源管理模型的相关研究成果，也将推动更多学者去关注这种知识经济时代的人力资源管理。

其次，从社会资本的理论文献看，有关社会网络促进员工的知识分享和创新能力方面的研究已经比较多，但是关于员工间社会网络的前因变量，尤其是组织需要采用什么样的人力资源管理措施来促进员工组织内社会网络的形成，这方面的研究是非常缺乏的。本章揭示了合作型人力资源管理对员工组织内社会网络的积极作用，这对员工间社会网络和企业社会资本的形成机制也有着重要的理论贡献。合作气氛的中介效果则向我们指出了合作型人力资源管理对社会网络影响的间接性，也从实证的角度支持了 Ostroff & Bowen (2000) 以及 Ferris et al. (1998) 的“人力资源管理系统—组织气氛—员工行为和企业绩效”的理论模型。

再次，本研究属于整合宏观人力资源与微观人力资源的跨层面研究，这是战略性人力资源研究领域迫切需要开展的研究类型。因为只有揭示了组织层面的人力资源管理对个体层面的影响，才有可能更好地解释战略性人力资源管理的“黑箱”。另外，来自 IT 行业的多来源跨层面数据和阶层线性模型的应用也进一步提高了本研究结论的可靠性，对我们理解战略性人力资源管理如何通过复杂的跨层面路径影响员工组织内社会网络的形成有着重要启示，这为进一步揭示战略性人力资源管理如何通过员工间社会网络来提高企业核心竞争力的相关研究打下了基础。

最后，本章的研究结论对管理实践也有着重要的启示。高科技企业的核心竞争力来源于知识的整合与创造。合作型人力资源管理通过创造组织的合作气氛，让员工更加相信自己的同事和合作伙伴，进而扩大员工在组织内部和同事之间的社会联系的数量和强度，这就促进了知识的分享与创造。对 IT 企业来说，激烈的人才竞争和较高的员工离职率增加了企业对员工进行人力资本投资的风险。但是，合作型人力资源管理通过投资员工之间的社会网络与合作关系，而这种社会网络是深度嵌入到组织当中的，员工即使离职了也不可能带走。因此，对高科技企业而言，通过合作型人力资源管理促进员工组织内部社会网络的形成，进而促进员工之间的知识交换和创造是一种更为理性的投资和管理策略。

参考文献

[1] Adler, P. S., “When knowledge is the critical resource, knowledge management is the critical task,” *Engineering Management*, 1989, 36 (2): 87 - 94.

[2] Appelbaum, E., Bailey, T., Berg, P., & Kalleberg, A., *Manufacturing advantage: Why high-performance work systems pay off*, Ithaca, ILR Press, 2000.

[3] Aukje, N. & Isabel G., “Social comparison at work as related to a cooperative social climate and to individual differences in social comparison orientation,” *International Association for Applied Psychology*, 2005, 54 (1): 61 -

80.

[4] Barry, W., & Berkowitz, S. D., *Social Structures: A Network Approach*, Cambridge, Cambridge University Press, 1988.

[5] Bowen, D. E., & Ostroff, C., "Understanding HRM-firm performance linkages: The role of the 'strength' of the HRM system," *Academy of Management Review*, 2004, 29 (2): 203-221.

[6] Brass, D. J., Galaskiewicz, J., Greve, H. R., & Tsai, W., "Taking stock of networks and organizations: A multilevel perspective," *Academy of Management Journal*, 2004, 12: 795-817.

[7] Brislin, R. W., *Applied cross-cultural psychology: An introduction*, Newbury Park, CA, Sage, 1990.

[8] Burt, R. S., *Structural Holes*, Boston, MA, Harvard University Press, 1992.

[9] Burt, R. S., "The contingent value of social capital," *Administrative Science Quarterly*, 1997, 42 (2): 339-365.

[10] Chatman, J. A., & Flynn, F. J., "The influence of demographic heterogeneity on the emergence and consequences of cooperative norms in work teams," *Academy of Management Journal*, 2001, 44 (5): 956-974.

[11] Chen, C. J., & Huang, J. W., "How organizational climate and structure affect knowledge management—The social interaction perspective," *International Journal of Information Management*, 2007, Vol. 27: 104-118.

[12] Collins, C. J., & Clark, K. D., "Strategic human resource practices, top management team social networks, and firm performance: The role of human resource practices in creating organizational competitive advantage," *Academy of Management Journal*, 2003, 46 (6): 740-751.

[13] Collins, C. J., & Smith, K. G., "Knowledge exchange and combination: The role of human resource practices in the performance of high-technology firms," *Academy of Management Journal*, 2006, 49 (3): 544-560.

[14] Davenport, T. H., & Prusak, L., *Working knowledge: How organizations manage what they know*, Boston, MA, Harvard Business School Press, 1998.

[15] Delaney, J. T., & Huselid, M. A., "The impact of human resource management practices on performance in for-profit and nonprofit organizations," *Academy of Management Journal*, 1996, 39: 949-969.

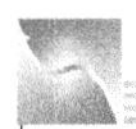

[16] Dyer, J. H., & Nobeoka, K., "Creating and managing a high-performance knowledge-sharing network: The Toyota case," *Strategic Management Journal*, 2000, 21 (3): 345 - 367.

[17] Dyer, J. H., "Does governance matter? Keiretsu alliances and asset specificity as sources of Japanese competitive advantage," *Organization Science*, 1996, 7 (6): 649 - 666.

[18] Eisenberger, R., & Armeli, S., "Can salient reward increase creative performance without reducing intrinsic creative interest?" *Journal of Personality and Social Psychology*, 1997, 72: 652 - 663.

[19] Ferris, G. R., Arthur, M. M., Berkson, H. M., Kaplan, D. M., Harrell-Cook, G., & Frink, D. D., "Toward a social context theory of human resource management-organizational effectiveness relationship," *Human Resource Management Review*, 1998, 8 (3): 235 - 264.

[20] Gittell, J. H., "Organizing work to support relational coordination," *International Journal of Human Resource Management*, 2000, 11 (3): 517 - 539.

[21] Guest, D. E., "Human resource management and performance: Still searching for some answers," *Human Resource Management Journal*, 2011, 21 (1): 3 - 13.

[22] Guimera, R., Uzzi, B., Spiro, J., & Amaral, L. A. N., "Team assembly mechanisms determine collaboration network structure and team performance," *Science*, 2005, 308 (5722): 697 - 702.

[23] Gulati, R., "Social structure and alliance formation patterns: A longitudinal analysis," *Administrative Science Quarterly*, 1995, 40 (4): 619 - 652.

[24] Hansen, M. T., Mors, M. L., & Løvås, B., "Knowledge sharing in organizations: Multiple networks, multiple phases," *Academy of Management Journal*, 2005, 48 (5): 776 - 793.

[25] Henderson, R., & Cockburn, I., "Measuring competence? Exploring firm effects in pharmaceutical research," *Strategic Management Journal*, 1994, 15 (S1): 63 - 84.

[26] Huselid, M., "The impact of human resource management practices on turnover, productivity, and corporate financial performance," *Academy of Management Journal*, 1995, 38 (3): 635 - 672.

[27] Ingram, P., & Roberts, P. W., "Friendships among competitors in

the Sydney hotel industry," *American Journal of Sociology*, 2000, 106 (2): 387 - 423.

[28] Janz, B. D., Prasarnphanich, P., "Understanding the antecedents of effective knowledge management: The importance of a knowledge-centered culture," *Decision Sciences*, 2003, 34 (2): 351 - 384.

[29] Kale, P., Singh, H., & Perlmutter, H., "Learning and protection of proprietary assets in strategic alliances: Building relational capital," *Strategic Management Journal*, 2000, 21 (3): 217 - 237.

[30] Kang, S. C., Morris, S. S., & Snell, S. A., "Relational archetypes, organizational learning, and value creation: Extending the human resource architecture," *Academy of Management Review*, 2007, 32 (1): 236 - 256.

[31] Kaše, R., Paauwe, J., & Zupan, N., "HR practices, interpersonal relations, and intrafirm knowledge transfer in knowledge-intensive firms: A social network perspective," *Human Resource Management*, 2009, 48 (4): 615 - 639.

[32] Kehoe, R. R., & Wright, P. M., "The impact of high performance human resource practices on employees' attitudes and behaviors," *Journal of Management*, 2013, 39 (2): 366 - 391.

[33] Kozlowski, S. W. J., & Klein, K. J., *A multilevel approach to theory and research in organizations: Contextual, temporal, and emergent processes*, in Klein, K. J., & Koslowski, S. W. J., (Eds.), *Multilevel theory, research, and methods in organizations*, San Francisco, Jossey-Bass, 2000.

[34] Kunkel, J. H., "Three contributions of social psychology to the analysis of the behavior-consequence linkage," *Psychological Record*, 1997, 47: 201 - 220.

[35] Lado, A. A., & Wilson, M. C., "Human resource systems and sustained competitive advantage: A competency-based perspective," *Academy of Management Review*, 1994, 19 (4): 699 - 727.

[36] Latham, G. P., & Wexley, K. N., "Increasing productivity through performance appraisal assessing performance appraisal," *Academy of Management Review*, 1982, Vol. 7, No. 4: 644 - 647.

[37] Leana, C. R., & Pil, F. K., "Social capital and organizational performance: Evidence from urban public schools," *Organization Science*, 2006,

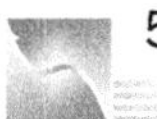

17 (3): 353 - 366.

[38] Leana, C. R., & Van Buren, H. J., "Organizational social capital and employment practices," *Academy of Management Review*, 1999, 24 (3): 538 - 555.

[39] Lengnick-Hall, M. L., & Lengnick-Hall, C. A., "HR's role in building relationship networks," *Academy of Management Executive*, 2003, 17 (4): 53 - 63.

[40] Lengnick-Hall, M. L., Lengnick-Hall, C. A., & Rigsbee, C. M., "Strategic human resource management and supply chain orientation," *Human Resource Management Review*, 2013, 23 (4): 366 - 377.

[41] Lepak, D. P., Liao, H., Chung, Y. H., & Harden, E. E., "A conceptual review of human resource management systems in strategic human resource management research," *Research in Personnel and Human Resources Management*, 2006, 25: 217 - 271.

[42] Lepak, D. P., & Snell, S. A., "The human resource architecture: Toward a theory of human capital allocation and development," *Academy of Management Review*, 1999, 24 (1): 31 - 48.

[43] Lepak, D. P., & Snell, S. A., "Examining the human resource architecture: The relationships among human capital, employment and human resource configuration," *Journal of Management*, 2002, 28 (4): 517 - 543.

[44] Lepak, D. P., Takeuchi, R., & Snell, S. A., "Employment flexibility and firm performance: Examining the interaction effects of employment mode, environmental dynamism, and technological intensity," *Journal of Management*, 2003, 29: 681 - 703.

[45] Liebeskind, J. P., Oliver, A. L., Zucker, L., & Brewer, M., "Social networks, learning, and flexibility: Sourcing scientific knowledge in new biotechnology firms," *Organization Science*, 1996, 7 (4): 428 - 443.

[46] Argote, L., McEvily, B., & Reagans, R., "Special issue on managing knowledge in organizations: Creating, retaining, and transferring knowledge," *Management Science*, 2003, Vol. 49, No. 4: 571 - 582.

[47] Locke, E. A., & Latham, G. P., *A theory of goal setting and task performance*, Englewood Cliffs, NJ, Prentice Hall, 1990.

[48] Lopez-Cabrales, A., Pérez-Luño, A., & Cabrera, R. V., "Knowledge as a mediator between HRM practices and innovative activity," *Human Re-*

source Management, 2009, 48 (4): 485 - 503.

[49] Louis, M. R., *A cultural perspective on organizations: The need for and consequences of viewing organizations as culture-bearing milieu*, National Academy of Management Meetings, Detroit, MI, 1980, August.

[50] Messersmith, J. G., Patel, P. C., & Lepak, D. P., "Unlocking the black box: Exploring the link between high-performance work systems and performance," *Journal of Applied Psychology*, 2011, 96 (6): 1105 - 1118.

[51] Monge, P. R., & Eisenberg, E. M., "Emergent communication networks," *Handbook of Organizational Communication*, 1987: 304 - 342.

[52] Morris, M., Schindehutte, M., & Allen, J., "The entrepreneur's business model: Toward a unified perspective," *Journal of Business Research*, 2005, 58: 726 - 735.

[53] Nahapiet, J., & Ghoshal, S., "Social capital, intellectual capital, and the organizational advantage," *Academy of Management Review*, 1998, 23 (2): 242 - 266.

[54] Oh, H., Labianca, G., Chung, & M. H., "A multilevel model of group social capital," *Academy of Management Review*, 2006, 31 (3): 569 - 582.

[55] Ostroff, C., & Bowen, D. E., *Moving HR to a higher level: Human resource practices and organizational effectiveness*, in Klein, K. J. & Kozlowski, S. W. J. (Eds.), *Multilevel theory, research, and methods in organizations: Foundations, extensions, and new directions*, San Francisco, Jossey-Bass, 2000.

[56] Paauwe, J., Wright, P., & Guest, D., *HRM and performance: What do we know and where should we go?* in Paauwe, J., Guest, D. E., & Wright, P. M. (Eds.), *Human resource management and performance: Achievements and challenges*, Chichester, Wiley, 2013: 1 - 14.

[57] Parkhe, A., "Strategic alliance structuring: A game theoretic and transaction cost examination of inter-firm cooperation," *Academy of Management Journal*, 1993, 36: 794 - 829.

[58] Pil, F. K., & Leana, C., "Applying organizational research to public school reform: The effects of teacher human and social capital on student performance," *Academy of Management Journal*, 2009, 52 (6): 1101 - 1124.

[59] Portes, A. & Sensenbrenner, J., "Embeddedness and immigration:

Notes on the social determinants of economic action," *American Journal of Sociology*, 1993, Vol. 98: 1320 - 1350.

[60] Quinn, J. B., Anderson, P., & Finkelstein, S., "Managing professional intellect: Making the most of the best," *Harvard Business Review*, 1996, March-April: 71 - 80.

[61] Reagans, R., & McEvily, B., "Network structure and knowledge transfer: The effects of cohesion and range," *Administrative Science Quarterly*, 2003, 48 (2): 240 - 267.

[62] Reagans, R., & Zuckerman, E. W., "Networks, diversity, and productivity: The social capital of corporate and teams," *Organization Science*, 2001, 12 (4): 502 - 517.

[63] Ring, P. S., & Van de Ven, A. H., "Structuring cooperative relationships between organizations," *Strategic Management Journal*, 1992, 13 (7): 483 - 498.

[64] Rivera, M. T., Soderstrom, S. B., & Uzzi, B., "Dynamics of dyads in social networks: Assortative, relational, and proximity mechanisms," *Annual Review of Sociology*, 2010, 36: 91 - 115.

[65] Salancik, G. J., & Pfeffer, J., "A social information processing approach to job attitudes and task design," *Administrative Science Quarterly*, 1978, 23 (2): 224 - 253.

[66] Schneider, B., White, S. S., & Paul, M. C., "Linking service climate and customer perceptions of service quality: Tests of a causal model," *Journal of Applied Psychology*, 1998, 83 (2): 150 - 163.

[67] Seibert, S. E., Kraimer, M. L., & Liden, R. C., "A social capital theory of career success," *Academy of Management Journal*, 2001, 44 (2), 219 - 237.

[68] Matusik, S. F., & Hill, C. W. L., "The utilization of contingent work, knowledge creation, and competitive advantage," *Academy of Management Review*, 1998, Vol. 23, No. 4: 680 - 697.

[69] Shrader, C. B., Lincoln, J. R., & Hoffman, A. N., "The network structures of organizations: Effects of task contingencies and distributional form," *Human Relations*, 1989, 42 (1), 43 - 66.

[70] Smith, K. G., Collins, C. J., & Clark, K. D., "Existing knowledge, knowledge creation capability, and the rate of new product introduction in

high-technology firms," *Academy of Management Journal*, 2005, 48 (2): 346 - 357.

[71] Sun, L. Y., Aryee, S., & Law, K., "High performance human resource management practices, citizenship behavior, and organizational performance: A relational perspective," *Academy of Management Journal*, 2007, 50 (3): 558 - 577.

[72] Takeuchi, R., Lepak, D. P., Wang, H., & Takeuchi, K., "An empirical examination of the mechanisms mediating between high-performance work systems and the performance of Japanese organizations," *Journal of Applied Psychology*, 2007, 92 (4): 1069 - 1083.

[73] Takeuchi, R., Chen, G., & Lepak, D. P., "Through the looking glass of a social system: Cross-level effects of high-performance work systems on employees' attitudes," *Personnel Psychology*, 2009, 62 (1): 1 - 29.

[74] Tichy, N., & Fombrun, C., "Network analysis in organizational settings," *Human Relations*, 1979, 32 (11), 923 - 965.

[75] Tsai, W., "Knowledge transfer in intra-organizational networks: Effects of network position and absorptive capacity on business unit innovation and performance," *Academy of Management Journal*, 2001, 44: 996 - 1004.

[76] Tushman, M. L., & O'Reilly, C., *Winning through innovation*, Boston, MA, Harvard Business School Press, 1997.

[77] Ulrich, D., "A new mandate of human resources," *Harvard Business Review*, 1998, Vol. 41, No. 1: 124 - 134.

[78] Wagner, J. A., "Studies of individualism-collectivism: Effects on cooperation in groups," *Academy of Management Journal*, 1995, 38 (1): 152 - 172.

[79] Wright, P. M., & Barney, J., "On becoming a strategic partner: The role of human resources in gaining competitive advantage," *Human Resource Management*, 1998, 37: 31 - 46.

[80] Youndt, M. A., & Snell, S. A., "Human resource configurations, intellectual capital, and organizational performance," *Journal of Managerial Issues*, 2004, 16 (3): 337 - 360.

[81] Zhang, Z., Zyphur, M. J., & Preacher, K. J., "Testing multilevel mediation using hierarchical linear models," *Organizational Research Methods*, 2009, 12 (4): 695 - 719.

[82] 苏中兴．转型期中国企业的高绩效人力资源管理系统：一个本土化的实证研究．南开管理评论，2010 (4).

[83] 张徽燕，李端凤，姚秦．中国情境下高绩效工作系统与企业绩效关系的元分析．南开管理评论，2012 (3).

第3章 合作型人力资源管理与员工的工作态度和行为

上一章的研究表明，合作型人力资源管理可以增强员工组织内社会网络，即员工和同事之间社会联系的数量和强度。本章最重要的研究任务就是检验合作型人力资源管理能否跨层面影响到员工的工作态度和行为。如果能，这种影响是否通过员工组织内社会网络实现？本章的研究内容是揭开合作型人力资源管理与企业核心竞争力关系微观机制的关键。战略性人力资源管理研究领域的学者指出，为进一步揭开战略性人力资源管理的“黑箱”，需要加强组织层面的人力资源管理对员工个体层面的态度、行为和结果的跨层面研究，并认为跨层面研究是构建宏观和微观人力资源管理研究的桥梁（Lepak，Liao，Chung & Harden，2006；Takeuchi，Chen & Lepak，2009）。因此，如果我们认为合作型人力资源管理能够帮助企业带来竞争优势，则首先必须证明这种人力资源管理能够给员工的工作态度和行为带

来积极的变化。

在本章，我们选取了员工的工作满意度、组织承诺和离职意向作为个体态度层面的变量。这三个变量是实证研究中应用最为广泛的个体层面的态度变量，并且被认为和企业业绩与核心竞争力存在强相关性（Cropanzano，Rupp & Byrne，2003；Halbesleben & Buckley，2004；Judge，Thoresen，Bono & Patton，2001；Nishii，Lepak & Schneider，2008）。本章研究中个体行为层面的变量包括员工的工作投入和创新行为。工作投入（employee job engagement）是近年来积极组织行为学中出现的最具代表性的变量之一。研究表明，工作投入比传统上的工作满意度（satisfaction）、工作卷入（involvement）和内部工作动机（intrinsic motivation）等变量更能有效解释员工的工作绩效差异（Rich，LePine & Crawford，2010），还能有效预测组织的绩效（Bates，2004；Baumruk，2004；Harter et al.，2002；Richman，2006）。而员工的创新行为一直被认为是高科技企业获得核心竞争力的关键（Argote et al.，2003）。

3.1　合作型人力资源管理与员工的工作满意度和组织承诺

作为组织行为学领域的一个重要变量，众多学者从动机和激励理论出发，对满意度的概念进行了界定。Herzberg（1959）的双因素理论区分了影响满意度的保健因素和激励因素。Alderfer（1969）在马斯洛需求层次理论的基础上，认为员工满意的根本在于愿望的满足。Cranny，Smith & Frink（1996）基于公平理论，将满意度定义为员工在对比期望收益与实际收益时的心理感受，当实际收益高于期望收益时，满意度提高。Locke（1976）则认为，工作满意度的高低取决于员工对多个工作维度的心理感受，即满意度是通过对工作或工作经历的评价而获得的愉快或积极的情感状态。

随着工作满意度的概念被认可并广泛采用，越来越多的研究者在对员工的积极态度和行为的研究中，将工作满意度与组织承诺纳入同一研究模型，探讨其相关关系。组织承诺与满意度的关系在很大程度上是互为因果的。组织承诺包含员工对组织的情感投入、对离开组织可能造成损失的认知以及感到对组织所承担的责任三个维度（Alien & Meyer，1990）。一方面，高满意度会带来更高的组织承诺特别是情感承诺（Vandenherg & Lance，1992）；另一方面，组织承诺对满意度也会带来积极影响（Allen，Shore & Griffeth，2003）。研究者还指出，员工感知到的组织支持对工作满意度有着积极影响。根据 Eisenberger et al.（1986）的定义，组织支持是员工所感受到的一种整体氛围和信念，包括组织能够重视和珍惜自己的贡献，并关注员工是否处于一种愉快的心理状态下。如果员工感到组织满足了自身工作回报的需求和情感的需求，高组织支持感将产生高工作满意度。在先前对人力资源管理和员工反馈的研究中，满意度和组织承诺两个变量得到广泛的应用。例如在 Nishi，Lepak & Schneider（2008）的研究中提到，员工会对同样的人力资源管理实践持有不同的观点，这些认知差异与员工的满意度和组织承诺相关，并通过在业务单元内的共享影响组织层面的员工产出，进而影响组织绩效。

根据 Locke（1976）的观点，工作满意度是员工通过对自己从事的工作或工作体现进行评估后的情感状态，而组织承诺是员工对组织的心理联结（Meyer & Allen，1991），对组织目标和价值观的强烈拥护，愿意为组织利益去付出自己努力和希望成为组织成员的强烈愿望（Mowday，Porter，& Steer，1982）。对于工作满意度和组织承诺的前因变量，研究者认为员工的个人特征和组织情境都是影响满意度和组织承诺的重要来源（Rousseau，1978；Glisson & Durick，1988）。研究表明，社会卷入度（social involvement）（Rotondi，1975；Sheldon，1971）、社交互动（Steers，1977）和同事之间的关系（O'Reilly & Caldwell，1979）等变量都会影响员工的工作态度。Bowler & Brass（2003）提出，通过建立组织内个体间广泛的联系，可以使组织成员进行更多互动并在互动中增进信任，因而个体有更多动机为他人提供必要的支持。通过共享组织的语言和故事，组织的文化和价值观得以被传递和认同。组织内的个体感受

到更多来自同事的支持，并产生更强烈的情感联系，促使其对组织作出长期承诺（Bowler & Brass，2003；Coleman，1988；Podsakoff，MacKenzie，Paine & Bachrach，2000）。

社会交换理论（social exchange theory）（Blau，1964）也为合作型人力资源管理与员工工作态度之间的关系提供了理论支持。从社会交换的角度，无论工作满意度还是组织承诺，实际上都是来自员工从与组织的社会交换关系中获益后产生的积极态度（Scholl，1981；Ogilvie，1986）。合作型人力资源管理强调选拔有合作精神的员工、培训员工的团队建设与合作能力、建立以合作成果为导向的绩效考核和奖金制度，以及通过工作轮换、导师制、开展内部社交聚会等活动为员工提供更多的与同事互动交流的机会，这些管理措施的存在可以让员工和同事之间形成更好的合作关系，从中获得更多的信息、知识以及来自同事的情感支持等，这既满足了员工的社会和人际方面的需求，也因为同事之间的相互学习和支持提高了员工对环境和工作的控制感，所以能够带来工作满意度和组织承诺的提高。

同时，我们认为合作型人力资源管理对员工工作满意度和组织承诺的影响并不是直接的，员工组织内社会网络起到了中介作用。合作型人力资源管理首先有助于形成员工与同事之间的社会网络，而正是这种社会网络的存在才使得员工可以从和组织的交换关系中获得更多的资源和回报，比如来自同事的信息、知识和情感支持等，由此增加了员工对自己和组织之间的互惠社会交换关系和组织支持的感知，带来了更高的工作满意度和组织承诺。

根据以上论述，我们提出假设3.1、假设3.2、假设3.3和假设3.4。

假设3.1：合作型人力资源管理与员工的工作满意度正相关。

假设3.2：合作型人力资源管理与员工的组织承诺正相关。

假设3.3：员工组织内社会网络对合作型人力资源管理与员工工作满意度的关系起到了中介作用。

假设3.4：员工组织内社会网络中介了合作型人力资源管理与员工组织承诺的关系起到了中介作用。

3.2 合作型人力资源管理与员工的离职意向

高科技企业的员工存在高流动性。员工的离职不仅加大了离职成本和招聘新员工的成本，还可能带来核心知识和技术的流失。因此，如何降低员工的离职意向是高科技企业面临的重要管理问题。离职意向是员工自愿离开组织的倾向性，是员工对于自己将在未来的时期内离开组织的可能性所作的主观评估（Vandenberg & Nelson，1999）。离职意向被认为与组织给予员工的整体感受（包括组织公平、组织支持等）以及员工的情感反馈（包括工作卷入、工作满意度和组织承诺等）息息相关。March & Simon（1958）提出，个体在判断自己渴望离开组织的感受时最具决定性的因素是工作满意度和组织承诺。Clugston，Howell & Dorfman（2000），Firth et al.（2004）的研究也支持了这一观点，认为工作满意度和组织承诺不高是造成员工离职的个体层面最主要的因素。研究表明，组织承诺与员工的离职意向有显著的负相关关系（Somers，1995）。组织承诺高的员工会以更加积极的态度参与工作并进行更多的情感投入，感到自己有持续留在组织中的责任，因而离职意向更低。员工的工作满意度与离职意向同样是负相关的，具有较高工作满意度的员工能够始终协调并保持和组织的积极关系，具有较高的组织忠诚度，付出更多的工作投入和情感投入，并拥有更加强烈的留在组织的愿望（Price，1977）。也有研究者将员工的离职行为直接视为满意度过低的消极结果（Saari & Judge，2004）。

众多组织层面的因素同样会对员工离职意向产生影响。首先，组织的特征，包括组织的稳定性（Zuber，2001）、效率（Alexander，Bloom & Nuchols，1994）等都与离职意向负相关。当员工可以通过健全的沟通机制了解需要的信息，并在一定程度上参与决策过程时，就会更好地理解影响其工作情境的事情，也会获得更大的心理满足（Magner，Welker & Johnson，1996）。员工对组织公平和组织支持的感知同样会影响到员工的离职意向。当员工感受到更多的组织支持时，一方面会直接改变自己对离职的态度，另一方面则通过增加组织承诺来间接降低离职的可能（Islam，Khan，Ahmad，Ali，Ahmed & Bowra，2013）。

在假设 3.1 和假设 3.2 的论述中，我们提到合作型人力资源管理能够让员工感受到自己从和组织的互惠交换关系中获得更多的资源和回报，从而带来更高的工作满意度和组织承诺。研究表明，员工更高的工作满意度和组织承诺会增加员工留在组织中的意愿、降低员工的离职意向（Clugston，Howell & Dorfman，2000）。因此，合作型人力资源管理的实施应该能够降低员工的离职意向，这和以往研究得出的有效的人力资源管理实践和员工离职意向之间的负相关关系结论是一致的（Arthur，1994；Huselid，1995；Tsui，1997；Griffeth，2000；Richard，2001）。

工作嵌入的相关研究也可以解释员工的自动离职行为（Holtome et al.，2004）。在工作嵌入研究中，其中一个重要维度是组织内部的联系。这种联系是指每个个体在组织中的联系情况，包括个体与岗位本身、与同事、与团队的联系等。这种联系会对员工的离职意向产生影响。Lee et al.（2004）的研究表明：社会网络中高度嵌入性的人有许多紧密的社会联结，组织内嵌入程度高的个体不容易产生离职意向。这里所指的组织内部的联系与本书所研究的组织内社会网络的概念基本上是一致的。也就是说，一个员工在组织内与同事间的联系数量越多、联系强度越强，员工越不容易产生离职意向。在对中国本土化特色的文化研究中，与社会网络相关的一个概念是关系。研究表明，关系作为员工组织内社会网络的一种表现形式，能够提高员工的保留意愿（Hom & Xiao，2011）。

已有研究还表明，人力资源管理与员工离职意向之间的关系可能不是直接的。比如，有学者认为人力资源管理可以通过工作满意度为中介变量来对员工的离职倾向产生影响（Rhoades et al.，2001；Whitener，2001；Allen et al.，2003；张瑞娟和孙健敏，2011）。Buller & McEvoy（2012）的研究表明，强调合作的人力资源管理可以通过员工间社会资本来影响员工的倾向和行为，并提高员工的个人绩效。也有研究表明，合作导向的人力资源管理可以通过增加员工之间的社会支持来降低他们的离职意向（Kim & Stoner，2008；Mor Barak et al.，2001；Mor Barak et al.，2006；Nissly et al.，2005）。

综合以上的论述，我们认为，高科技企业中的知识型员工会更加看重自己和同事之间的关系以及来自同事的社会支持。本书提出的这种合作型人力资源管理让员工和同事之间形成了更加紧密的社会网络，使得员工能够从社会网络中获得更多的资源和支持，从而提高了满意度和组织承诺，降低了离职意向。另外，这种社会网络的存在也会让员工的工作与生活深深嵌入到组织中，从而降低了离职意向。因此，我们提出假设 3.5 和假设 3.6。

假设 3.5：合作型人力资源管理与员工的离职意向负相关。

假设 3.6：员工组织内社会网络对合作型人力资源管理与员工离职意向的关系起到了中介作用。

3.3 合作型人力资源管理与员工的工作投入

工作投入是近年来在工业心理学和积极组织行为领域兴起的一个最为重要的概念。在 Kahn（1990）最早提出工作投入的概念后，Maslach et al.（2001），Saks（2006），Shuck & Wollard（2010）等都对什么是工作投入有过探讨。影响最广泛的是 Schaufeli et al.（2002，2006）的观点，他们认为，和工作满意度、组织承诺、组织公民行为等已有变量不同，工作投入是个体的一种与工作相关的充满着持久、积极的情绪与认知的饱满的工作状态，其特点包括活力（vigor）、奉献（dedication）和专注（absorption）三大方面。活力是指一种投入到工作中的高能量，即使工作遇到挑战亦如此。奉献是指一种强烈的工作卷入，这种卷入会带来工作上的积极情感，比如自豪感和鼓舞。专注是工作中一种全神贯注的状态，员工很难从工作中分心（Schaufeli et al.，2002；Bakker，Schaufeli，Leiter & Taris，2008）。自工作投入的概念出现后，由于该概念对员工工作绩效的强大预测力而迅速引起了学者们的高度关注。

研究表明，工作投入的员工对自己从事的工作有更多的认同感，离职意愿更低（Maslach，Schaufeli & Leiter，2001；Saks，2006；Schaufeli & Bakker，2004），并且表现出更多的主动性和首创行为（Hakanen，Perhoniemi & Toppinen-Tanner，2008）。研究者还报告，工作投入不仅对员工的角色内绩效和角色外绩效有积极影响，而且比工作满意度、内部工作动机和工作卷入等传统的经典变量能更有效地解释员工个体工作绩效的差异（Rich，LePine & Crawford，2010）。工作投入不但提高了员工的产出，事实上还因为员工能够更加自觉地投入到工作中从而有利于降低组织的管理和行政费用。因此，一个组织中员工的整体工作投入水平能有效预测组织层面的绩效指标。已有研究证实，员工的工作投入和组织的经营绩效之间有积极联系（Saks，2006；Boselie，2002）。具体到 IT 企业而言，由于员工基本上都是知识型员工，他们的工作行为和结果都较难监控，因此员工是否具备高水平的工作投入，在工作中能否表现出活力、奉献和专注等特征，对 IT 企业的绩效水平能产生重要影响。

工作的“需求—资源”模型（job demand-resource model）认为，组织为员工提供的各种工作资源能够提高员工的工作投入（Demerouti，Bakker，Nachreiner & Schaufeli，2001）。典型的工作资源包括对工作的控制，同事、上级和组织的支持，工作反馈，信息的获取，积极的社会气氛，成长的机会，工作场所的积极事件，工作任务多样性，参与工作决策等（Crawford，LePine & Rich，2010）。研究表明，工作资源和工作投入之间存在显著的正相关（Bakker & Demerouti，2007；Crawford et al.，2010）。合作型人力资源管理是一种强调提高员工之间的合作能力、合作动机和合作机会的人力资源管理体系，提供了诸多工作资源。比如，员工通过导师制、工作轮换、信息分享、和同事的交流互动等获得了包括工作相关技能、信息、来自同事的工作支持等。基于合作成果的考核与奖励制度带来了更加积极的社会气氛，基于团队的工作设计增加了工作任务多样性和参与决策的机会等。合作型人力资源管理带来的这些工作资源将提高员工对工作的投入程度。

从社会交换理论（social exchange theory）的视角看，合作型人力资源管理表明了组织想要和员工建立一种长期互惠的交换关系，并且试图为员工营造支持性的组织氛围。当获得来自组织的帮助和支持后，员工会感觉有必要对组织进行回报。而对于组织的最好回报就是在工作上投入更多的能量，对工作更加专注和更加具备奉献精神。而且，最新的研究表明，员工之间的工作投入实际上也是会彼此“传染”的（Barrick，2015）。因此，合作型人力资源管理的实施能够为员工提供更多的工作资源和营造一种支持性的组织氛围，无论是基于工作的“需求—资源”模型还是社会交换理论推断，都会带来员工工作投入程度的提升。而合作型人力资源管理带来的员工之间社会联系的增加也容易让员工受到工作上更加投入的同事的“传染”，这种彼此间的传染效应又进一步增加了员工个体的工作投入程度。

当然，我们认为，合作型人力资源管理对员工工作投入的影响也不是直接的，而是通过员工组织内社会网络起作用的。无论是社会交换带来的工作投入的提高还是“传染”效应带来的工作投入的提高，都是因为员工和同事之间存在社会网络而产生的收益。合作型人力资源管理正是因为能够增强员工在组织内与同事之间的社会联系的数量和强度，才带来了工作投入的提高。因此，我们提出假设 3.7 和假设 3.8。

假设 3.7：合作型人力资源管理与员工的工作投入程度正相关。

假设 3.8：员工组织内社会网络对合作型人力资源管理与员工工作投入的关系起到了中介作用。

3.4　合作型人力资源管理与员工的创新行为

创新在企业中是一个常常被关注的概念。创新包括组织创新、团队创新和个体创新三个层面。最早的个体层面的创新行为研究源于 20 世纪 70 年代，如 Jackson（1976），Hurt（1977），West et al.（1989）等研究都对个体层面的创新行为给出了定义，认为个体的创新行为是一种员工个人愿意创造、产生新奇想法、引进有益方法、

创造新奇事物的活动。这个概念将倾向、意向及实现的过程结合在一起。Scott & Bruce（1994）将个体创新行为分为三个阶段，包括确立问题或构想，并产生初步解决方案；寻求对其想法的支持；使新的思想或方案可以被扩散、制造并广泛使用，最终实现其创新思想。Kleysen & Street（2001）的研究也在梳理过往文献的基础上，将创新行为归纳为五个阶段：寻找机会、产生想法、形成调查、支持以及应用。

对个体创新行为的影响因素研究，可以分为不同的层次。Zhou & Shalley（2003）在综述中将影响员工创造力的因素分为个体因素和情境因素。Amabile（1996）识别出实现个体创新所必须具备的三个要素，即专业领域的知识技能、创新的技能和完成任务的内部动机。类似地，Ford（1996）也提出，个人创造力的实现需要相应的动机、知识能力和思维方式。针对外部环境因素，Amabile（1996）还验证了组织的鼓励、上级的激励、同事的支持、工作的自主性、充足的资源和适当的工作挑战性都有利于创新的产生，而过度的工作压力和组织的阻碍会起反作用。还有研究指出，较为复杂的工作、提供更多支持而非控制的领导、注重发展的业绩评估、限制干扰的工作布局、认可创新的高层战略、组织范围内的创意分享都能够促进创新（Shalley，Zhou & Oldham，2004；Amabile & Muller，2008）。国内学者孙锐和石金涛（2006）则归纳整理了关于影响创新因素的现有研究，并分出三个层次：个体层次、团队层次和组织层次。在个体层次上，影响个人创新行为的因素有个人动机、人格特质、认知能力等；在团队层次上，会对创新产生重要影响的因素有任务特征、团队结构、团队过程、团队间关系等；在组织层次上的影响因素有组织规模、组织结构、领导方式、组织战略、组织氛围、组织文化、资源及环境等。

还有一些跨层面研究对个体创新行为的前因变量和形成机制都进行了探索和验证。例如，Scott & Bruce（1994）提出了创新行为的决定因素模型，将领导与成员的交换和角色期待、工作团体的内部网络和信息交换、个体解决问题的风格以及组织的创新氛围作为前因变量，认为只有这些因素之间的相互作用才能引导出创新行为。

不过，最具影响力的应该还是 Amabile（1997）经典的创新要素学说，它将组织的创新和员工的创新进行了区分，认为两者虽属于不同层面却是相辅相成的，员工的创新三要素是专业领域的知识技能、创新的技能和完成任务的内部动机，而组织创新的三要素是组织资源、管理实践和组织动机，组织环境中既包含对创新的刺激，也包含对创新的阻碍，所以会影响员工个人或团队的创新三要素。反过来，只有发挥员工的创造力才能真正实现组织的创新。

基于社会资本理论，学者们认为，社会网络对人力资本和创新具有积极影响（Pil & Leana，2009；Coleman，Cross，Parker，Prusak & Borgatti，2001）。社会网络提供了组织内知识和信息传递的途径，将单个组织成员的人力资本集合为组织共同的资本，进而通过知识的结合与创新，使人力资本不断产生新的增量。社会资本与人力资本的相关关系也得到众多实证研究的支持。Hargadon & Sutton（1997）针对美国 IDEO 公司的研究详细描述了社会资本在产品研发部门中的作用。研究指出，因为员工为不同行业的客户提供多样化服务，所以借助组织内社会网络将来源于不同行业的知识集中起来，再用来为不同的客户解决实际问题将有助于工作任务的完成。Bjork & Magnusson（2009）通过对瑞典企业开展的三项实地调查得出，社会网络和新想法、新观点、新知识的产生存在显著的相关关系，网络中的联系越多，联系越紧密，知识创新的质量就越高。Smith，Collins & Clark（2005）的研究表明，企业社会网络中联系的数量和强度都与企业创造知识的能力正相关，联系的数量、强度以及乐意冒险的氛围（一定程度上反映信任水平）都与新产品和服务的创新正相关。Tsai（2002）的研究表明，组织内部的社会网络为团队成员的信息交流提供了更多的机会。Zhou & George（2001）的研究表明，员工之间积极的交往关系可以激发员工的创新行为。

由于合作型人力资源管理能够促进员工之间社会网络的形成以及员工和同事之间的互动合作，这样组织内的成员会有更多的机会去共享资源、信息及创意，从而有效地促进了员工创新行为的发生。社会网络作为社会资本的一个维度，它的联系强度、网络密度以及网络的中心性与创新行为有密切的联系。有研究表明，如果组织内

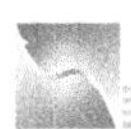

部缺乏直接的、积极的强联结，会影响知识的分享。研究表明，当成员之间沟通的频率、互动的次数增多，传递的信息与知识也会随之增加，自发产生的创新行为就会增加（Coleman et al.，1988）。网络的中心性表明，组织内社会网络中每一个成员的地位可能不一样。当员工个体与同事的社会联系的数量越多、强度越大，该员工就掌握了越多的沟通和信息优势，从而有利于知识的创造、分享，也有利于创新。

合作型人力资源管理能够扩大员工与同事之间的社会网络，而这种社会网络的存在加速了信息和知识的交换，进而促进更多创新行为的出现。Álvaro et al.（2009）的研究认为，人力资源管理实践与员工创新行为正相关，其中知识分享起到了独特的中介作用。战略性人力资源管理可以有效地促进员工的创新行为（Chen et al.，2007）。Hayton（2005）的研究表明，人力资源与员工创新行为的中介机制包含员工社会资本或同事支持感的作用，员工社会资本或者是同事带给员工的支持感能够激发员工合作并做出创造行为。还有研究表明，员工社会资本中介了高参与型人力资源管理与员工创新行为的关系（Chandler et al.，2000；Hornsby et al.，2002）。根据前面论证的合作型人力资源管理与员工组织内社会网络的关系以及员工组织内社会网络与创新行为的关系，我们可以认为合作型人力资源是通过员工组织内社会网络来影响员工创新行为的。因此，我们提出假设 3.9 和假设 3.10。

假设 3.9：合作型人力资源管理与员工的创新行为正相关。

假设 3.10：员工组织内社会网络对合作型人力资源管理与员工创新行为的关系起到了中介作用。

3.5　研究方法与实证结果

3.5.1　样本与数据

在本研究中，自变量合作型人力资源管理由人力资源经理填写，员工组织内社会网络、工作满意度、组织承诺、工作投入、离职意向和创新行为等变量均由员工填写。数据来源于我们在 2011 年对中关村 IT 企业所做的调查。具体的样本描述在第 2 章中已经有详细交代，这里不再赘述。

本研究的数据涉及公司层面和员工层面，所以属于多层嵌套数据。这种嵌套关系的存在使得个体间随机误差独立性假设难以满足，传统回归分析方法无法使用。本研究属于跨层面中介效应低层中介变量模型（cross-level mediation lower mediator）或者简称 2—1—1 模型（方杰等，2010）。该模型表示层面 2（在本研究中指组织层面）自变量通过层面 1（在本研究中指个体层面）中介变量对层面 1 因变量的影响，如图 3—1 所示。

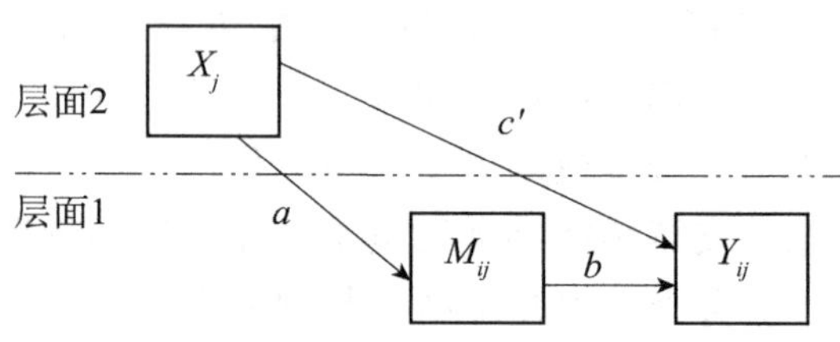

图 3—1　跨层面中介效应低层中介变量模型

因此，为了能够研究这两个层面变量之间的关系，也为了更准确地检测本研究假设中提出的中介作用，我们采用阶层线性模型进行分析。

3.5.2　测　量

1. 合作型人力资源管理

在第 2 章研究的基础上，我们删除了一些在内涵上存在一定程度重复的条目。本研究中，合作型人力资源管理的测量共由 12 个条目组成。人力资源经理被要求评估问卷中人力资源管理各个方面的描述和他们所在公司的实际做法是否相符。问卷采用利克特 5 级量表，其中“1”代表“很不符合”，“5”代表“很符合”。本次测量的 α 系数为 0.894。探索性因子分析显示，本问卷量表 KMO 为 0.871，非常适合进行因子分析。为了验证合作型人力资源管理作为一维概

念的效度，我们采用单一因子的方法进行提取。所有 12 个条目在单一因子上有 0.535 及以上的因子载荷，并且这一因子解释了 57.085%的变异，特征值为 6.84。因此，我们认为合作型人力资源管理问卷可以作为单一维度来对待。因子分析结果如表 3—1 所示。

表 3—1　合作型人力资源管理问卷的因子分析结果

问卷题目	因子载荷
团队合作能力是招聘中考察的重要内容	0.694
培训员工如何在公司内部建立融洽的人际关系	0.579
培训员工有关团队建设和团队工作的技能	0.685
与他人的合作能力是提拔员工的重要依据	0.766
通过工作轮换来扩大员工的工作技能	0.535
为员工提供跨部门横向流动的职业机会	0.537
采用基于团队的奖励体系	0.729
团队技能和合作意识强的人更容易获得加薪	0.759
很多工作是基于团队形式开展的	0.723
采用跨部门团队和网络来完成工作	0.656
经常举办内部社交活动，让员工彼此认识和了解	0.773
召开各种信息分享的会议	0.756

2. 员工组织内社会网络

参考 Collins & Clark（2003）以及 Pil & Leana（2009）的研究，社会网络的测量主要包括网络中社会联系的数量、频率和深度。联系数量用一道题来测量，即“在公司内部，你经常讨论专业知识或交流技术信息的同事有几个?”，选项得分从 1 到 7，1 代表“0 个”，2 代表“1 个”，3 代表“2 个”，4 代表“3 个”，5 代表“4 个”，6 代表“5 个”，7 代表“6 个及以上”。联系频率用一道题来测量，即“在过去的一个月里，你和这些同事讨论专业知识或交流技术信息的次数大致是多少?”，选项得分从 1 到 5，1 代表“0～5 次”，2 代表“6～10 次”，3 代表“11～15 次”，4 代表“16～20 次”，5 代表“21 次及以上”。联系深度用一道题来测量，即“总体来说，你觉得你和同事讨论专业知识或交流技术信息的深度如何?”，选项得分从 1 到 5，1 代表“很不深入”，2 代表“不太深入”，3 代表“一般”，4 代表“比较深入”，5 代表“非常深入”。参考以往的研究，我们把联系频率和联系深度的平均值作为社会网络的联系强度来对待（Collins & Clark，2003；Pil & Leana，2009）。

3. 员工工作满意度

员工工作满意度问卷采用的是 Leung et al.（1996）在中国情境下所使用的量表，问卷采用利克特 5 级量表，“1”代表“很不符合”，“5”代表“很符合”。问卷内部一致性检验的 α 系数为 0.891。问卷结构效度方面，因子分析结果呈现清晰的单因子结果，结果如表 3—2 所示。

表 3—2　　　员工工作满意度问卷的因子分析结果

问卷题目	因子载荷
整体而言，我对目前的工作感到满意	0.854
我愿意继续从事同样的工作	0.838
我会建议我的朋友也从事类似的工作	0.903
目前的工作是我所期望的	0.872

4. 员工组织承诺

员工组织承诺问卷采用的是 Farh et al.（1998）的量表，包含 6 道题，问卷采用利克特 5 级量表，“1”代表“很不符合”，“5”代表“很符合”。问卷内部一致性检验的 α 系数为 0.922。问卷结构效度方面，因子分析结果呈现清晰的单因子结果，结果如表 3—3 所示。

表 3—3　　　员工组织承诺问卷的因子分析结果

问卷题目	因子载荷
我愿意付出额外努力来帮助公司获得成功	0.855
我经常和朋友说我们公司是一个理想的工作场所	0.846
我感到自己的价值观和公司的价值观十分接近	0.865
我为自己是公司的一员而感到骄傲	0.876
在公司工作我可以充分发挥自己的能力	0.861
我很关心公司的未来	0.872

5. 员工离职意向

本次调查中，我们通过 3 个问题测量员工的离职意向，问卷采用利克特 5 级量表，“1” 代表 “很不符合”，“5” 代表 “很符合”。本次测量的 α 系数为 0.881。问卷结构效度方面，探索性因子分析表明，3 个条目在单一因子上有 0.869 及以上的因子载荷，并且这一因子解释了 80.822%的变异，特征值为 2.425。得出的因子载荷如表 3—4 所示。

表 3—4　　员工离职意向问卷的因子分析结果

问卷题目	因子载荷
我经常想辞掉目前的工作	0.912
我可能在明年离开目前这家公司	0.915
如果继续待在这家公司，我觉得前景不会太好	0.869

6. 员工工作投入

工作投入问卷采用的是 Schaufeli et al.（2002）开发的量表，包含 17 道题，问卷采用利克特 5 级量表，“1” 代表 “很不符合”，“5” 代表 “很符合”。工作投入包含活力、奉献和专注三大方面。样本题目包括：“工作时，我感到自己强大而且充满活力”、“我对工作充满热情”、“我在工作时会达到忘我的境界” 等。参照以往研究的做法（如 Schaufeli，Bakker & Salanova，2006；Sonnentag，Binnewies & Mojza，2010），我们并没有区分三个维度的不同作用，而是计算出三个维度的平均值作为整体工作投入的分数。本次测量的 α 系数为 0.866。因子分析结果呈现清晰的单因子结构。具体如表 3—5 所示。

表 3—5　　员工工作投入问卷的因子分析结果

问卷题目	因子载荷
工作时，我感到自己强大而且充满活力	0.812
早上一起床，我就想要去工作	0.828
我可以一次连续工作很长时间	0.736
工作时，即使感到精神疲劳，我也能很快恢复	0.674
即使工作进展不顺利，我也总能够锲而不舍	0.715

续前表

问卷题目	因子载荷
我觉得所从事的工作目的明确，且很有意义	0.760
我对工作充满热情	0.823
工作激发了我的灵感	0.848
我为所从事的工作感到自豪	0.877
对我来说，工作具有挑战性	0.864
当我工作时，时间总是过得飞快	0.771
工作时我会忘记周围的一切	0.780
忙碌工作时，我会感到快乐	0.791
我沉浸于自己的工作当中	0.796
我在工作时会达到忘我的境界	0.858
我感觉到自己离不开这份工作	0.784

7. 员工创新行为

我们通过 5 个问题测量员工的创新行为，改编自 Janssen (2001) 的研究中所采用的量表。之所以让员工自陈而不是用上级评价来测量创新行为，是因为上级常常忽略员工工作中所做的微小创新或因未成形而尚未得到认可的创新，而员工自己往往更清楚。出于同样的考虑，我们也让员工回答自己做出上述这些创新行为的频繁程度，1 代表“基本没有”，5 代表“非常频繁”。本次测量的 α 系数为 0.782。问卷结构效度方面，探索性因子分析显示，5 个条目在单一因子上有 0.838 及以上的因子载荷，并且这一因子解释了 76.542%的变异，特征值为 3.827。得出的因子载荷如表 3—6 所示。

表 3—6　　员工创新行为问卷的因子分析结果

问卷题目	因子载荷
提出改善工作的创新性方案和想法	0.854
提出新技术、新流程、新产品等方面的想法	0.838
鼓动大家支持创新性的方案和想法	0.903
激发组织内人员对创新性方案的热情	0.905
有计划、有步骤地把创新性想法付诸实施	0.872

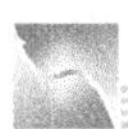

8. 控制变量

控制变量包含组织层面和个体层面的变量。个体层面，我们将员工的工作年限、性别等作为控制变量，以防止和工作经验、性别有关的影响。组织层面，我们将企业存续年限、企业所有制形式和雇员人数作为控制变量，以防止企业存续年限、企业所有制形式对企业气氛形成、组织内人际关系的影响，也可以防止雇员人数对组织内社会网络等多方面的影响。企业所有制形式的测量，“1”代表“国有或国有控股企业”，“2”代表“民营企业/民营上市公司”，“3”代表“外商独资企业/跨国公司”，“4”代表“外商合资/合作企业”，“5”代表“其他”。

3.5.3　实证结果

表 3—7 给出了本章研究中出现的各关键变量的均值、标准差以及变量之间的简单相关系数。由于本研究涉及两个层面的数据，因此我们将组织层面的数据分解到个体层面，然后再计算相关系数。从表中可以看出，合作型人力资源管理和员工组织内社会网络的联系数量和联系强度正相关，和员工工作满意度、组织承诺、工作投入等变量正相关，和离职意向负相关。但是，表中没有发现合作型人力资源管理和员工创新行为之间的相关性。

1. 合作型人力资源管理、员工组织内社会网络与员工工作满意度

本研究属于跨层面中介效应低层中介变量模型（2—1—1 模型）。由于自变量对因变量的直接效应检验是中介效应存在的前提（温忠麟等，2004；温福星等，2009），因此我们首先检验自变量合作型人力资源管理对因变量员工工作满意度的直接效应。我们将组织层面的企业存续年限、规模（员工人数的对数）、所有制形式、行业等变量，以及个体层面的性别、学历、工作年限等作为控制变量。我们用回归系数 c 表示自变量对因变量的直接效应。模型 1 的回归结果显示，直接效应 c 为 0.337，估计值的 t 检验达到显著性水平（$p<0.1$）。由此可以得出，企业中采用合作型人力资源管理的程度越高，员工的工作满意度就会越高。

表 3—7　　变量均值、标准差和简单相关系数

变量	均值	标准差	1	2	3	4	5	6	7
合作型人力资源管理	3.46	0.61							
联系数量	4.62	1.64	0.25**						
联系强度	2.93	0.91	0.31**	0.48**					
工作满意度	4.60	1.12	0.25**	0.17**	0.17**				
组织承诺	3.61	0.76	0.17**	0.23**	0.19**	0.73**			
工作投入	3.48	0.73	0.15**	0.25**	0.25**	0.71**	0.82**		
创新行为	3.17	0.77	0.03	0.13**	0.12**	0.32**	0.41**	0.48**	
离职意向	2.64	0.89	−0.17**	−0.22**	−0.17**	−0.51**	−0.55**	−0.45**	−0.12**

说明：** $p<0.01$，* $p<0.05$。

其次，我们检验自变量（合作型人力资源管理）对中介变量（员工组织内社会网络）的直接效应，以及中介变量对因变量（员工工作满意度）的直接效应。模型2的回归结果显示，合作型人力资源管理对联系数量和联系强度的直接效应分别为0.359和0.297，估计值的t检验分别达到$p<0.1$和$p<0.05$的显著性水平。由此我们可以得出，合作型人力资源管理与员工组织内社会网络之间显著正相关。也就是说，企业中采用合作型人力资源管理的程度越高，员工组织内社会网络的联系数量和联系强度就会更高。同时，模型3的回归结果显示，员工组织内社会网络的联系数量和联系强度对员工工作满意度的直接效应分别为0.146和0.262，回归系数估计值的t检验都达到了$p<0.001$的显著性水平，说明员工组织内社会网络能够显著提高员工工作满意度。

最后，我们进行中介效应检验。我们同时把自变量和因变量放入回归方程中，表3—8中模型4（1）和4（2）的回归结果显示，中介变量员工组织内社会网络的联系数量和联系强度都和员工工作满意度正相关，而自变量合作型人力资源管理和因变量员工工作满意度之间的关系不再显著。如果把中介变量联系数量和联系强度同时放入回归方程中，如表3—8中模型4（3）所示，我们同样发现了联系数量和联系强度的中介作用。因此，表3—8的一系列回归结果表明，合作型人力资源管理能够通过员工组织内社会网络（联系数量和联系强度）提高员工工作满意度。

2. 合作型人力资源管理、员工组织内社会网络与员工组织承诺

合作型人力资源管理对员工组织承诺的跨层面分析结果如表3—9所示。模型1的回归结果表明，自变量合作型人力资源管理和因变量员工组织承诺之间显著正相关，回归系数β为0.340，回归系数估计值的t检验达到显著性水平（$p<0.001$）。模型2的回归结果表明，自变量合作型人力资源管理和中介变量员工组织内社会网络（联系数量和联系强度）显著正相关，对联系数量和联系强度的回归系数分别为0.359（$p<0.1$）和0.297（$p<0.05$）。模型3的回归结果表明，员工组织内社会网络对员工组织承诺具有显著的正向作用，联系数量和联系强度的回归系数分别为0.135（$p<0.001$）和0.236

表 3—8　　合作型人力资源管理、员工组织内社会网络与员工工作满意度

变量	M1 满意度	M2（1） 联系数量	M2（2） 联系强度	M3（1） 满意度	M3（2） 满意度	M3（3） 满意度	M4（1） 满意度	M4（2） 满意度	M4（3） 满意度
层面 1									
截距	4.587***	4.586***	2.923***	4.606***	4.604***	4.606***	4.594***	4.593***	4.596***
年龄	0.011	0.008	−0.018	0.005	0.011	0.009	0.010	0.015	0.013
性别	−0.074	−0.189	−0.231*	−0.033	−0.001	−0.003	−0.049	−0.018	−0.019
学历 1	0.218	−0.568	−0.025	0.313	0.238	0.285	0.297	0.225	0.272
学历 2	−0.040	−0.658*	−0.044	0.060	−0.022	0.030	0.048	−0.030	0.022
工作年限	−0.107*	−0.004	−0.012	−0.107*	−0.104*	−0.104*	−0.106*	−0.103*	−0.103*
联系数量				0.146***		0.089†	0.140***		0.087†
联系强度					0.262***	0.185*		0.250**	0.175†
层面 2									
企业存续年限	−0.010	−0.001	0.007	−0.013	−0.015†	−0.014	−0.010	−0.012	−0.011
企业规模	−0.062	0.099	−0.008	−0.068	−0.051	−0.061	−0.077	−0.060	−0.070
行业 1	−0.105	0.108	0.328†	−0.084	−0.156	−0.142	−0.121	−0.186	−0.172
行业 2	−0.111	0.018	0.463*	−0.158	−0.274	−0.237	−0.113	−0.227	−0.193
行业 4	−0.217	0.122	0.288	−0.278	−0.338	−0.323	−0.234	−0.293	−0.280
所有制形式	−0.092	0.264	−0.096	−0.108	−0.051	−0.080	−0.126	−0.069	−0.097
合作型人力资源管理	0.337†	0.359†	0.297*				0.289	0.264	0.256
	1.463	2.487	0.878	1.421	1.413	1.407	1.425	1.417	1.411
	0.074	0.065	0.008	0.080	0.081	0.075	0.063	0.067	0.062
模型变异（−2LL）	1 163.94	1 342.43	985.89	1 158.27	1 155.45	1 158.12	1 159.02	1 156.68	1 155.78

说明：*** $p<0.001$，** $p<0.01$，* $p<0.05$，†$p<0.1$。

表 3—9　　合作型人力资源管理、员工组织内社会网络与员工组织承诺

变量	M1 组织承诺	M2（1） 联系数量	M2（2） 联系强度	M3（1） 组织承诺	M3（2） 组织承诺	M3（3） 组织承诺	M4（1） 组织承诺	M4（2） 组织承诺	M4（3） 组织承诺
层面 1									
截距	3.599***	4.586***	2.923***	3.618***	3.615***	3.618***	3.608***	3.605***	3.609***
年龄	0.009	0.008	−0.018	0.003	0.009	0.007	0.008	0.013	0.011
性别	0.000	−0.189	−0.231*	0.038	0.066	0.064	0.023	0.050	0.048
学历 1	0.069	−0.568	−0.025	0.166	0.096	0.142	0.146	0.078	0.125
学历 2	−0.074	−0.658*	−0.044	0.029	−0.052	0.003	0.016	−0.062	−0.007
工作年限	−0.037	−0.004	−0.012	−0.037	−0.035	−0.035	−0.037	−0.034	−0.035
联系数量				0.135***		0.086**	0.129***		0.083**
联系强度					0.236***	0.161**		0.223***	0.150**
层面 2									
企业存续年限	−0.006	−0.001	0.007	−0.008	−0.010	−0.009	−0.005	−0.007	−0.007
企业规模	−0.024	0.099	−0.008	−0.027	−0.012	−0.021	−0.036	−0.022	−0.030
行业 1	−0.068	0.108	0.328†	−0.050	−0.113	−0.100	−0.085	−0.142	−0.128
行业 2	−0.091	0.018	0.463*	−0.138	−0.242	−0.207	−0.092	−0.194	−0.161
行业 4	−0.112	0.122	0.288	−0.176	−0.231	−0.216	−0.127	−0.179	−0.167
所有制形式	−0.117	0.264	−0.096	−0.134	−0.078	−0.109	−0.153	−0.097	−0.126
合作型人力资源管理	0.340***	0.359†	0.297*				0.293***	0.273**	0.264**
	0.669	2.487	0.878	0.626	0.627	0.614	0.625	0.626	0.613
	0.024	0.065	0.008	0.042	0.036	0.038	0.029	0.025	0.028
模型变异（−2LL）	900.94	1 342.43	985.89	888.75	886.08	882.09	883.12	881.14	881.18

说明：*** $p<0.001$，** $p<0.01$，* $p<0.05$，† $p<0.1$。

($p<0.001$)。模型 4 (3) 的回归结果显示，当联系数量和联系强度与合作型人力资源管理共同放入回归方程中时，联系数量和联系强度均与员工组织承诺显著正相关，相关系数分别为 0.083 ($p<0.05$) 和 0.150 ($p<0.05$)，而自变量合作型人力资源管理与因变量员工组织承诺之间的相关系数由 0.340 ($p<0.001$) 下降到 0.264 ($p<0.01$)。因此，员工组织内社会网络对合作型人力资源管理和员工组织承诺之间的关系起到了部分中介作用。也就是说，合作型人力资源管理能够提高员工组织承诺，这其中有部分是直接效应，部分是通过员工组织内社会网络实现的间接效应。

3. 合作型人力资源管理、员工组织内社会网络与员工离职意向

合作型人力资源管理对员工离职意向的跨层面分析结果如表 3—10 所示。模型 1 的回归结果表明，自变量合作型人力资源管理和因变量员工离职意向之间显著负相关，回归系数 β 为 −0.207 ($p<0.1$)。模型 2 的回归结果表明，自变量合作型人力资源管理和中介变量员工组织内社会网络（联系数量和联系强度）显著正相关，对联系数量和联系强度的回归系数分别为 0.359 ($p<0.1$) 和 0.297 ($p<0.05$)。模型 3 的回归结果表明，员工组织内社会网络对员工离职意向具有显著的负向作用，联系数量和联系强度的回归系数分别为 −0.155 ($p<0.001$) 和 −0.229 ($p<0.001$)。模型 4 的回归结果显示，当联系数量和联系强度与合作型人力资源管理共同放入回归方程中时，联系数量和联系强度与离职意向均显著负相关，相关系数分别为 −0.115 ($p<0.01$) 和 −0.123 ($p<0.1$)，而合作型人力资源管理与员工离职意向之间的相关性不再显著，相关系数从 −0.207 下降到 −0.130。表 3—10 的系列研究表明，员工组织内社会网络（联系数量与联系强度）对合作型人力资源管理和员工离职意向之间的关系起到了完全中介作用。也就说，合作型人力资源管理正是通过形成员工组织内社会网络从而降低了员工离职意向。

4. 合作型人力资源管理、员工组织内社会网络与员工工作投入

合作型人力资源管理对员工工作投入的跨层面分析结果如表 3—11 所示。模型 1 的回归结果表明，自变量合作型人力资源管理和因变量员工工作投入之间显著正相关，回归系数 β 为 0.166 ($p<0.1$)。

表 3—10　合作型人力资源管理、员工组织内社会网络与员工离职意向

变量	M1 离职意向	M2 (1) 联系数量	M2 (2) 联系强度	M3 (1) 离职意向	M3 (2) 离职意向	M3 (3) 离职意向	M4 (1) 离职意向	M4 (2) 离职意向	M4 (3) 离职意向
层面 1									
截距	2.574***	4.586***	2.923***	2.559***	2.563***	2.559***	2.564***	2.567***	2.563***
年龄	−0.012	0.008	−0.018	−0.008	−0.013	−0.011	−0.010	−0.015	−0.012
性别	−0.051	−0.189	−0.231*	−0.087	−0.107	−0.106	−0.079	−0.098	−0.098
学历 1	−0.238	−0.568	−0.025	−0.330†	−0.253	−0.312†	−0.323†	−0.248	−0.307†
学历 2	−0.120	−0.658*	−0.044	−0.222	−0.133	−0.202	−0.219	−0.132	−0.201
工作年限	0.057†	−0.004	−0.012	0.055†	0.053†	0.053†	0.055†	0.053†	0.053†
联系数量				−0.155***		−0.116**	−0.153***		−0.115**
联系强度					−0.229***	−0.128†		−0.223***	−0.123†
层面 2									
企业存续年限	0.005	−0.001	0.007	0.007	0.008	0.007	0.005	0.007	0.006
企业规模	−0.083*	0.099	−0.008	−0.070†	−0.089*	−0.075†	−0.066†	−0.085*	−0.071†
行业 1	−0.094	0.108	0.328†	−0.097	−0.039	−0.057	−0.077	−0.022	−0.041
行业 2	−0.020	0.018	0.463*	0.008	0.107	0.062	−0.017	0.082	0.038
行业 4	0.011	0.122	0.288	0.051	0.104	0.082	0.027	0.080	0.060
所有制形式	0.104	0.264	−0.096	0.134	0.072	0.114	0.145	0.084	0.124
合作型人力资源管理	−0.207†	0.359†	0.297*				−0.154	−0.140	−0.130
	0.822	2.487	0.878	0.772	0.779	0.763	0.773	0.780	0.764
	0.076	0.065	0.008	0.065	0.077	0.067	0.062	0.076	0.065
模型变异（−2LL）	982.46	1 342.43	985.89	962.97	967.81	960.42	962.00	967.07	963.49

说明：*** $p<0.001$，** $p<0.01$，* $p<0.05$，† $p<0.1$。

表 3—11　　合作型人力资源管理、员工组织内社会网络与员工工作投入

变量	M1 工作投入	M2（1） 联系数量	M2（2） 联系强度	M3（1） 工作投入	M3（2） 工作投入	M3（3） 工作投入	M4（1） 工作投入	M4（2） 工作投入	M4（3） 工作投入
层面 1									
截距	3.484***	4.586***	2.923***	3.497***	3.491***	3.496***	3.493***	3.487***	3.493***
年龄	0.019†	0.008	−0.018	0.015	0.021*	0.018†	0.017†	0.022*	0.020*
性别	−0.122	−0.189	−0.231*	−0.085	−0.061	−0.063	−0.093	−0.069	−0.070
学历 1	0.030	−0.568	−0.025	0.126	0.044	0.103	0.118	0.038	0.098
学历 2	−0.089	−0.658*	−0.044	0.013	−0.078	−0.011	0.009	−0.080	−0.013
工作年限	−0.058*	−0.004	−0.012	−0.057*	−0.054*	−0.055*	−0.057*	−0.054*	−0.055*
联系数量				0.149***		0.106**	0.147***		0.105**
联系强度					0.232***	0.138*		0.228***	0.135*
层面 2									
企业存续年限	−0.012*	−0.001	0.007	−0.013*	−0.015*	−0.014*	−0.012*	−0.013*	−0.013*
企业规模	−0.026	0.099	−0.008	−0.035	−0.021	−0.031	−0.038	−0.025	−0.034
行业 1	−0.025	0.108	0.328†	−0.037	−0.087	−0.075	−0.047	−0.095	−0.082
行业 2	−0.216	0.018	0.463*	−0.241	−0.330	−0.291	−0.220	−0.309	−0.274
行业 4	−0.125	0.122	0.288	−0.173	−0.215	−0.201	−0.151	−0.193	−0.183
所有制形式	−0.127	0.264	−0.096	−0.167	−0.097	−0.141	−0.173	−0.104	−0.146
合作型人力资源管理	0.166†	0.359†	0.297*				0.105	0.099	0.083
	0.608	2.487	0.878	0.547	0.554	0.534	0.548	0.555	0.535
	0.014	0.065	0.008	0.025	0.027	0.028	0.024	0.027	0.028
模型变异（−2LL）	851.58	1 342.43	985.89	824.78	828.80	823.47	828.29	832.40	823.65

说明：*** $p<0.001$，** $p<0.01$，* $p<0.05$，† $p<0.1$。

模型 2 的回归结果表明，自变量合作型人力资源管理和中介变量员工组织内社会网络（联系数量和联系强度）显著正相关，对联系数量和联系强度的回归系数分别为 0.359（$p<0.1$）和 0.297（$p<0.05$）。模型 3 的回归结果表明，员工组织内社会网络对员工工作投入具有显著的正向作用，联系数量和联系强度的回归系数分别为 0.149（$p<0.001$）和 0.232（$p<0.001$）。模型 4 的回归结果显示，当联系数量和联系强度与合作型人力资源管理共同放入回归方程中时，联系数量和联系强度与员工的工作投入均显著正相关，相关系数分别为 0.105（$p<0.01$）和 0.135（$p<0.05$），而合作型人力资源管理与员工工作投入之间的相关性不再显著，相关系数从 0.166 下降到 0.083。因此，表 3—11 的系列研究表明，员工组织内社会网络对合作型人力资源管理和员工工作投入之间的关系起到了完全中介作用，说明合作型人力资源管理正是通过员工组织内社会网络提高了员工工作投入程度。

5. 合作型人力资源管理、员工组织内社会网络与员工创新行为

合作型人力资源管理对员工创新行为的跨层面分析结果如表 3—12 所示。模型 1 的回归结果表明，自变量合作型人力资源管理和因变量员工创新行为之间的相关性没有达到显著的程度，回归系数 β 为 0.012（$p>0.1$）。模型 2 的回归结果表明，自变量合作型人力资源管理和中介变量员工组织内社会网络（联系数量和联系强度）显著正相关，对联系数量和联系强度的回归系数分别为 0.359（$p<0.1$）和 0.297（$p<0.05$）。模型 3 的回归结果表明，员工组织内社会网络对员工创新行为具有显著的正向作用，联系数量和联系强度的回归系数分别为 0.074（$p<0.01$）和 0.153（$p<0.001$）。因此，尽管统计分析没有发现合作型人力资源管理对员工创新行为的直接效应，由于合作型人力资源管理和员工组织内社会网络显著正相关，而社会网络又和员工创新行为显著正相关，因此间接效应是可能存在的。之所以自变量合作型人力资源管理和因变量员工创新行为之间没有显示直接的相关性，可能是因为样本量太小，也可能是因为合作型人力资源管理与员工创新行为之间存在调节变量，这需要我们在以后的研究中采用其他统计方法进行检验。

表 3—12 合作型人力资源管理、员工组织内社会网络与员工创新行为

变量	M1 创新行为	M2（1） 联系数量	M2（2） 联系强度	M3（1） 创新行为	M3（2） 创新行为	M3（3） 创新行为	M4（1） 创新行为	M4（2） 创新行为	M4（3） 创新行为
层面 1									
截距	3.009***	4.586***	2.923***	3.015***	3.014***	3.016***	3.016***	3.016***	3.018***
年龄	0.013	0.008	−0.018	0.012	0.015	0.014	0.012	0.015	0.014
性别	−0.081	−0.189	−0.231*	−0.071	−0.053	−0.054	−0.071	−0.052	−0.053
学历 1	−0.189	−0.568	−0.025	−0.144	−0.179	−0.158	−0.142	−0.177	−0.156
学历 2	−0.132	−0.658*	−0.044	−0.079	−0.117	−0.093	−0.076	−0.115	−0.090
工作年限	−0.002	−0.004	−0.012	−0.002	0.000	−0.001	−0.002	0.000	−0.001
联系数量				0.074**		0.038	0.075**		0.038
联系强度					0.153***	0.120*		0.155***	0.122*
层面 2									
企业存续年限	−0.004	−0.001	0.007	−0.004	−0.005	−0.004	−0.004	−0.005	−0.005
企业规模	0.085*	0.099	−0.008	0.077*	0.085*	0.081*	0.077*	0.086*	0.081*
行业 1	−0.174	0.108	0.328†	−0.184	−0.228	−0.222	−0.182	−0.224	−0.218
行业 2	−0.727**	0.018	0.463*	−0.725**	−0.791***	−0.775***	−0.726**	−0.796***	−0.781***
行业 4	−0.321†	0.122	0.288	−0.329	−0.367†	−0.361†	−0.333†	−0.374†	−0.368†
所有制形式	−0.050	0.264	−0.096	−0.070	−0.037	−0.050	−0.069	−0.034	−0.048
合作型人力资源管理	0.012	0.359†	0.297*				−0.013	−0.031	−0.035
	0.687	2.487	0.878	0.671	0.661	0.660	0.671	0.662	0.660
	0.029	0.065	0.008	0.032	0.036	0.037	0.035	0.038	0.039
模型变异（−2LL）	911.49	1 342.43	985.89	907.59	903.21	905.06	908.16	903.71	909.206

说明：*** $p<0.001$，** $p<0.01$，* $p<0.05$，†$p<0.1$。

为了进一步检验合作型人力资源管理对员工创新行为的影响，我们采用了 2011 年和 2012 年对中关村 IT 企业调查的数据，这样研究的样本量增加到 145 家企业，882 个员工个体。有 138 家企业报告了存续年限，平均存续年限为 11 年，其中，存续 5 年及以下的有 26 家，占 18.8%；存续 6～10 年的有 59 家，占 42.8%；存续11～15 年的有 33 家，占 23.9%，存续 16～25 年的有 15 家，占 10.9%，存续 26 年及以上的有 5 家，占 3.6%。企业所有制形式方面，国有企业相关有 15 家，占 10.3%；民营企业相关有 107 家，占 73.3%；外资企业相关有 23 家，占 15.8%。个体样本方面，有 873 位员工报告了性别，其中男性 440 人，占 50.4%；女性 433 人，占 49.6%。有 814 位员工报告了工作年限，在本单位平均工作年限为 2.32 年。

利用这个扩大的样本来进行统计分析，表 3—13 的结果显示，合作型人力资源管理和员工创新行为之间显著正相关（$\beta=0.13$，$p<0.01$），并且员工组织内社会网络在合作型人力资源管理和员工创新行为之间起到了完全中介的作用。

表 3—13　合作型人力资源管理、员工组织内社会网络与员工创新行为

变量名称	模型 1 创新行为	模型 2（1） 社会网络	模型 2（2） 员工信任	模型 4（1） 创新行为
层次 1				
截矩	2.682***	2.921***	2.998***	2.124***
性别	−0.07	−0.01	−0.05	−0.05
工作年限	−0.063	−0.03	−0.06	−0.06
社会网络				0.19***
层次 2				
所有制形式	−0.00	−0.00	−0.00	−0.00
企业存续年限	−0.01	0.00	−0.00	−0.01
员工人数	0.00	0.00	0.00	0.00
合作型人力资源管理	0.13**	0.16***	0.18**	0.10
	0.555	0.858	0.462	0.519
	0.058	0.042	0.082	0.067
模型变异	2 032.30	2 378.93	1 905.44	1 987.74

说明：*** $p<0.001$，** $p<0.01$，* $p<0.05$，†$p<0.1$。

3.6　本章结论与讨论

本章的实证研究目的在于检验合作型人力资源管理如何跨层面影响员工的工作态度和行为，这是揭开合作型人力资源管理与企业核心竞争力关系的关键所在。本章的一系列实证研究表明，员工组织内社会网络（社会联系的数量与强度）能够带来更高的员工工作满意度、组织承诺、工作投入和创新行为，并且能够降低员工离职意向。研究还表明，合作型人力资源管理对员工工作态度和行为的影响主要是通过员工组织内社会网络的中介作用实现的。表 3—14 给出了本章以及上一章的实证结论。

表 3—14　　实证结果归纳

实证结果归纳
合作型人力资源管理与员工组织内社会网络正相关
员工组织内社会网络与员工工作满意度正相关
员工组织内社会网络与员工组织承诺正相关
员工组织内社会网络与员工工作投入正相关
员工组织内社会网络与员工创新行为正相关
员工组织内社会网络与员工离职意向负相关
合作型人力资源管理与员工工作满意度正相关
合作型人力资源管理与员工组织承诺正相关
合作型人力资源管理与员工工作投入正相关
合作型人力资源管理与员工创新行为正相关
合作型人力资源管理与员工离职意向负相关
员工组织内社会网络对合作型人力资源管理与员工工作满意度的关系起到了中介作用
员工组织内社会网络对合作型人力资源管理与员工组织承诺的关系起到了部分中介作用
员工组织内社会网络对合作型人力资源管理与员工工作投入的关系起到了中介作用
员工组织内社会网络对合作型人力资源管理与员工创新行为的关系起到了中介作用
员工组织内社会网络对合作型人力资源管理与员工离职意向的关系起到了中介作用

本章的诸多研究结论对揭开合作型人力资源管理与企业核心竞争力的关系至关重要。近年来，人力资源管理对员工个体层面的工作态度和行为的研究得到了越来越多的关注。其原因主要来自两个方面。第一，部分研究者质疑，战略性人力资源管理研究中被广泛用于衡量产出的变量（如财务绩效），与微观层面的人力资源管理措施之间的关系过于遥远，因此更加接近个体层面的产出指标才能够提供更好且更具可信度的证据（Wright & Haggerty，2005）。与此同时，战略性人力资源管理研究认为，人力资源管理正是通过一系列的中介变量间接影响组织绩效的，这些中介变量包括员工工作态度（如满意度）、员工行为（如离职）和员工的个人绩效等（Gilbert & Sels，2011）。因此，有必要将更多的关注投入到个体的态度和行为产出上，且这些产出可以看做整个组织绩效的中间结果和核心推动力（Wright & Haggerty，2005）。员工工作态度（诸如工作满意度、员工行为诸如离职行为等）都被作为与组织绩效直接相关的预测变量得到诸多实证研究的支持（Cropanzano，Rupp & Byrne，2003；Halbesleben & Buckley，2004；Judge，Thoresen，Bono & Patton，2001）。

本章系列研究的理论贡献在于：

第一，本章检验了合作型人力资源管理对微观个体的跨层面影响机制。近年来，学者们一直呼吁要加强组织层面的人力资源管理对员工个体层面的态度、行为和结果的跨层面研究，并认为跨层面研究是构建宏观人力资源管理研究和微观人力资源管理研究的桥梁。然而，从已有文献看，战略性人力资源领域的跨层面研究数量有限。因此，尽管本章并没有直接检验合作型人力资源管理与企业财务绩效或核心竞争力之间的关系，但是研究结果发现，合作型人力资源管理能够通过员工组织内社会网络显著影响员工工作满意度、组织承诺、离职意向、工作投入和创新行为。这种跨层面的研究是揭开战略性人力资源管理作用机制的关键所在，因为所有的竞争力都离不开企业中员工的工作态度和行为。因此本章的研究内容对揭开战略性人力资源管理的微观机理作出了一定的贡献，也弥补了目前跨层面研究文献的缺乏。

第二，本章对组织内社会资本的效果和作用机制做出了有益的探索和补充。本章检验了员工组织内社会网络（联系数量和联系强度）与员工工作态度和行为之间的关系。研究结论表明，员工的组织内社会网络与员工工作满意度、组织承诺、离职意向、工作投入、创新行为等诸多变量都存在非常显著的正相关关系。这说明，员工组织内社会网络作为结构性社会资本的重要组成，对企业的竞争力有着重要贡献，这揭示了社会资本对企业发展的重要性。在已有文献中，关于人力资本对企业的重要性已经在理论上和实证上得到了诸多的关注和检验。但是，社会资本对企业发展的重要性还有待更多的研究去揭示。实际上，在知识经济时代，组织内人力资本的形成首先就得益于社会资本，正是员工之间的这种社会联系增加了组织内部知识的流动、分享与创造，从而提高了组织的整体人力资本。相反，如果组织内部没有这种社会网络的存在，员工不可能通过彼此交流来迅速提高知识技能，而且也可能因为核心人才的流失带走了核心人力资本。社会资本的存在降低了人力资本流失的风险。

第三，本章为合作型人力资源管理与组织绩效之间的作用机制作出了贡献。本章选取了员工组织内社会网络作为中介变量，研究表明，在合作型人力资源管理对员工工作态度和行为的影响过程中，员工的社会资本（组织内社会网络）起到了主要的中介作用，这也为打开合作型人力资源管理与企业绩效的“黑箱”增加了新的理论视角。尽管本章内容并没有检验员工组织内社会网络在人力资源管理与企业财务绩效之间的作用，但是通过本章的系列研究我们已经能够得出结论，合作型人力资源管理正是因为能够促进员工组织内社会网络的形成，从而对企业的核心竞争力带来了重要的贡献。

本章的研究结果可以为高科技企业的管理实践提供一定的借鉴。高科技企业应更注重人力资源管理并引入更有针对性的合作型人力资源管理模式。包括在对人才的招聘、选拔和培训中要更加重视员工的合作意识与社会网络构建的技能，在考核、薪酬与晋升等激励机制设计上要强调对合作能力与合作成果的鼓励，在工作设计、岗位轮换、内部社交平台建设等方面要注意给员工提供更多的彼此交流与合作的机会等。通过这种合作型人力资源管理建设，提高员工

的合作能力、合作动机和合作机会，增加组织内部员工之间的社会联系。这种社会资本的存在能够促进员工之间的合作、知识分享和创造，也能提高员工的满意度和组织承诺，降低员工的离职意向，帮助高科技企业保留核心员工，从而提高企业在知识经济时代的核心竞争力。

参考文献

[1] Adler，P. S.，& Kwon，S. W.，“Social capital：Prospects for a new concept，” *Academy of Management Review*，2002，27 (1)：17 - 40.

[2] Alderfer，C. P.，“An empirical test of new theory of human need，” *Organizational Behavior and Human Performance*，1969，4 (1)：142 - 175.

[3] Alexander，J.，Bloom，J.，& Nuchols，B.，“Nursing turnover and hospital efficiency：An organization-level analysis，” *Industrial Relations*，1994，33 (4)：505 - 520.

[4] Allen，D. G.，Shore，L. M.，& Griffeth，R. W.，“The role of perceived organizational support and supportive human resource practices in the turnover process，” *Journal of Management*，2003，29 (1)：99 - 118.

[5] Allen，N. J.，& Meyer，J. P.，“The measurement and antecedents of affective，continuance and normative commitment to the organization，” *Journal of Occupational Psychology*，1990，63 (1)：1 - 18.

[6] Lopez-Cabrales，A.，Perez-Luno，A.，& Cabrera，R. V.，“Knowledge as a mediator between HRM practices and innovative activity，” published online，2009，28 JUL DOI：10. 1002.

[7] Amabile，T. M.，Conti，R.，Coon，H.，Lazenby，J.，& Herron，M.，“Assessing the work environment for creativity，” *Academy of Management Journal*，1996，39 (5)：1154 - 1185.

[8] Amabile，T. M.，“Motivating creativity in organizations：On doing what you love and loving what you do，” *California Management Review*，1997，40：39 - 58.

[9] Anderson，J. C.，& Narus，J. A.，“A model of distributor firm and manufacture firm working partnerships，” *Journal of Marketing*，1990，54 (1)：42 - 58.

[10] Arthur, J. B., "Effects of human resource systems on manufacturing performance and turnover," *Academy of Management Journal*, 1994, 37: 670 - 687.

[11] Bakker, A. B., & Demerouti, E., "The job demands-resources model: State of the art," *Journal of Managerial Psychology*, 2007, 22: 309 - 328.

[12] Bakker, A. B., & Schaufeli, W. B., "Positive organizational behavior: Engaged employees in flourishing organizations," *Journal of Organizational Behavior*, 2008, 29: 147 - 154.

[13] Bakker, A. B., Schaufeli, W. B., Leiter, M. P., & Taris, T. W., "Work engagement: An emerging concept in occupational health psychology," *Work & Stress*, 2008, 22: 187 - 200.

[14] Baron, R. M., & Kenny, D. A., "The moderator-mediator variable distinction in social psychological research: Conceptual, strategic, and statistical considerations," *Journal of Personality and Social Psychology*, 1986, 51 (6): 1173 - 1182.

[15] Barrick, M. R., Thurgood, G. R., Smith, T. A., & Courtright, S. H., "Collective organizational engagement: Linking motivational antecedent, strategic implementation, and firm performance," *Academy of Management Journal*, 2015, 58 (1): 111 - 135.

[16] Bates, S., "Getting engaged," *HR Magazine*, 2004, 49 (2): 44 - 51.

[17] Baumruk, R., "The missing link: The role of employee engagement in business success," *Workspan*, 2004, Vol. 47: 48 - 52.

[18] Binnewies, C., Sonnentag, S., & Mojza, E. J., "Recovery during the weekend and fluctuations in weekly job performance: A week-level study examining intra-individual relationships," *Journal of Occupational and Organizational Psychology*, 2010, 83 (2): 419 - 441.

[19] Björk, J., & Magnusson, M., "Where do good innovation ideas come from: Exploring the influence of network connectivity on innovation idea quality," *Journal of Product Innovation Management*, 2009, Vol. 26: 662 - 670.

[20] Blau, P. M., *Exchange and power in social life*, New York, John Wiley, 1964.

[21] Boselie, P., *Human resource management, work systems and performance: A theoretical-empirical approach*, Rotterdam, Erasmus University, 2002.

[22] Bowen, D. E., & Ostroff, C., "Understanding HRM-firm performance linkages: The role of the 'strength' of the HRM system," *Academy of Management Review*, 2004, 29 (2): 203 - 221.

[23] Bowler, M., & Brass, D. J., "A social network perspective on organizational citizenship behavior," *Academy of Management Best Conference Paper*, 2003, D1 - D6.

[24] Buller, P. F., & McEvoy, G. M., "Strategy, human resource management and performance: Sharpening line of sight," *Human Resource Management Review*, 2012, 22 (1): 43 - 56.

[25] Carmelia, A., & Weisberg, J., "Exploring turnover intentions among three professional groups of employees," *Human Resource Development Journal*, 2006, 9 (2): 191 - 206.

[26] Chandler, G. N., Keller, C., & Lyon, D. W., "Unraveling the determinants and consequences of an innovation-supportive organizational culture," *Entrepreneurship Theory and Practice*, 2000, 25 (1): 59 - 76.

[27] Chuang, C. H., Chen, S. J., & Chuang, C. W., "Human resource management practices and organizational social capital: The role of industrial characteristics," *Journal of Business Research*, 2013, 66 (5): 678 - 687.

[28] Chung-Jen Chen, & Jing-Wen Huang, "Strategic human resource practices and innovation performance—The mediating role of knowledge management capacity," *Journal of Business Research*, 2007, 62 (1): 104 - 114.

[29] Clugston, M., Howell, J. P., & Dorfman, P. W., "Does culture socialization predict multiple bases and foci of commitment?" *Journal of Management*, 2000, 26: 5 - 30.

[30] Coleman, J. S., "Social capital in the creation of human capital," *American Journal of Sociology*, 1988, 94: 95 - 121.

[31] Collins, C. J., & Clark, K. D., "Strategic human resource practices, top management team social networks, and firm performance: The role of human resource practices in creating organizational competitive advantage," *Academy of Management Journal*, 2003, 46 (6): 740 - 751.

[32] Collins, C. J., & Smith, K. G., "Knowledge exchange and combina-

tion: The role of human resource practices in the performance of high-technology firms," *Academy of Management Journal*, 2006, 49 (3): 544-560.

[33] Cropanzano, R., Rupp, D. E., & Byrne, Z. S., "The relationship of emotional exhaustion to work attitudes, job performance, and organizational citizenship behaviors," *Journal of Applied Psychology*, 2003, Vol. 88: 160.

[34] Cross, R., Parker, A., Prusak, L., & Borgatti, S. P., "Knowing what we know: Supporting knowledge creation and sharing in social networks," *Organizational Dynamics*, 2001, 30 (2): 100-120.

[35] Delaney, J. T., & Huselid, M. A., "The impact of human resource management practices on performance in for-profit and nonprofit organizations," *Academy of Management Journal*, 1996, 39: 949-969.

[36] Demerouti, E., Bakker, A. B., Nachreiner, F., & Schaufeli, W. B., "The job demands-resources model of burnout," *Journal of Applied Psychology*, 2001, 86: 499-512.

[37] Dirks, K. T., "The effects of interpersonal trust on work group performance," *Journal of Applied Psychology*, 1999, 84: 445-455.

[38] Dyer, J. H., "Does governance matter? Keiretsu alliances and asset specificity as sources of Japanese competitive advantage," *Organization Science*, 1996, 7 (6): 649-666.

[39] Dyer, J. H., & Nobeoka, K., "Creating and managing a high-performance knowledge-sharing network: The Toyota case," *Strategic Management Journal*, 2000, 21 (3): 345-367.

[40] Eisenberger, R., Huntington, R., Hutchison, S., & Sowa, D., "Perceived organizational support," *Journal of Applied Psychology*, 1986, 71: 500-507.

[41] Eisenberger, R., Stinglhamber, F., Vandenberghe, C., Sucharski, I. L., & Rhoades, L., "Perceived supervisor support: Contributions to perceived organizational support and employee retention," *Journal of Applied Psychology*, 2002, Vol. 87: 565.

[42] Farh, J. L., Tsui, A. S., Xin, K. R., & Cheng, B. S., "The influence of relational demography and guanxi: The Chinese case," *Organization Science*, 1998, 9: 471-487.

[43] Ferris, G. R., Arthur, M. M., Berkson, H. M., Kaplan, D. M., Harrell-Cook, G., & Frink, D. D., "Toward a social context theory of human

resource management-organizational effectiveness relationship," *Human Resource Management Review*, 1998, 8 (3): 235 - 264.

[44] Ford, C. M., "A theory of individual creative action in multiple social domains," *Academy of Management Review*, 1996, 21 (4): 1112 - 1142.

[45] Gilbert, C., De Winne, S. & Sels, L., "The influence of line managers and HR department on employees' affective commitment," *International Journal of Human Resource Management*, 2011, 22 (8): 1611 - 1617.

[46] Glisson, C., & Durick, M., "Predictors of job satisfaction and organizational commitment in human service organizations," *Administrative Science Quarterly*, 1988, 33 (1): 61 - 81.

[47] Griffeth, R. W., Hom, P. W., & Gaertner, S., "A meta-analysis of antecedents and correlates of employee turnover: Update, moderator tests, and research implications for the next millennium," *Journal of management*, 2000, 26 (3): 463 - 488.

[48] Hakanen, J. J., Perhoniemi, R., & Toppinen-Tanner, "Positive gain spirals at work: From job resources to work engagement, personal initiative and work-unit innovativeness," *Journal of Vocational Behavior*, 2008, 73: 78 - 91.

[49] Halbesleben, J. R., & Buckley, M. R., "Burnout in organizational life," *Journal of management*, 2004, Vol. 30: 859 - 879.

[50] Hargadon, A., & Sutton R., "Technology brokering and innovation in a product development firm," *Administrative Science Quarterly*, 1997, 42: 716 - 749.

[51] Harter, J. K., Schmidt, F. L., & Hayes, T. L., "Business-unit-level relationship between employee satisfaction, employee engagement, and business outcomes: A meta-analysis," *Journal of Applied Psychology*, 2002, 87 (2): 268 - 279.

[52] Hayton, J. C., "Promoting corporate entrepreneurship through human resource management practices: A review of empirical research," *Human Resource Management Review*, 2005, 15 (1): 21 - 41.

[53] Herzberg, F., Mausner, B., & Snyderman, B. B., *The Motivation to Work* (2nd ed.), New York, John Wiley, 1959.

[54] Hom, P. W., & Xiao, Z., "Embedding social networks: How guanxi ties reinforce Chinese employees' retention," *Organizational Behavior*

and Human Decision Processes, 2011, 116 (2): 188 - 202.

[55] Hornsby, J. S., Kuratko, D. F., & Zahra, S. A., "Middle managers' perception of the internal environment for corporate entrepreneurship: Assessing a measurement scale," *Journal of Business Venturing*, 2002, 17 (3): 253 - 273.

[56] Howard, J., & Frink, D., "The effects of organizational restructure on employee satisfaction," *Group and Organization Management*, 1996, 21 (3): 278 - 303.

[57] Hurt, H. T., Joseph, K., & Cook, C. D., "Scales for the measurement of innovativeness," *Human Communication Research*, 1977, 4: 58 - 65.

[58] Huselid, M., "The impact of human resource management practices on turnover, productivity, and corporate financial performance," *Academy of Management Journal*, 1995, 38 (3): 635 - 672.

[59] Burke, R., & Cooper, C., *Reinventing human resources management: Challenges and new directions*, London, Routledge Press, 2005.

[60] Islam, T., Khan, S. U. R., Ahmad, U. N. B. U., Ali, G., Ahmed, I., & Bowra, Z. A., "Turnover intentions: The influence of perceived organizational support and organizational commitment," *Procedia Social and Behavioral Sciences*, 2013, 103: 1238 - 1242.

[61] Jackson, D. N., *Jackson Personality Inventory Manual*, Port Huron, MI, Research Psychologists Press, 1976.

[62] March, J. G., & Simon, H. A., "Organizations," *Administrative Science Quarterly*, 1959, Vol. 4, No. 1: 129 - 131.

[63] Wagner, J. A., III, "Studies of individualism-collectivism: Effects on cooperation in groups," *Academy of Management Journal*, 1995, 38 (1): 152 - 172.

[64] Jones, G., & George, J., "The experience and evolution of trust: Implication s for cooperation and teamwork," *Academy of Management Review*, 1998, Vol. 23, Iss. 3: 531 - 546.

[65] Judge, T. A., Thoresen, C. J., Bono, J. E., & Patton, G. K., "The job satisfaction-job performance relationship: A qualitative and quantitative review," *Psychological Bulletin*, 2001, Vol. 127: 376.

[66] Kahn, W. A., "Psychological conditions of personal engagement and disengagement at work," *Academy of Management Journal*, 1990, 33: 692 -

724.

[67] Kaše, R., Paauwe, J., & Zupan, N., "HRM practices, interpersonal relations, and intrafirm knowledge transfer in knowledge-intensive firms: A social network perspective," *Human Resource Management*, 2009, 48 (4): 615 - 639.

[68] Kim, H., & Stoner, M., "Burnout and turnover intention among social workers: Effects of role stress, job autonomy and social support," *Administration in Social Work*, 2008, 32 (3): 5 - 25.

[69] Kleysenfer, & Street, C. T., "Toward a multi-dimensional measure of individual innovative behavior," *Journal of Intellectual Capital*, 2001, 3 (2): 284 - 296.

[70] Leana, C. R., & Van Buren, H. J., III, "Organizational social capital and employment practices," *Academy of Management Review*, 1999, 24 (3): 538 - 555.

[71] Lee, T. W., Mitchell, T. R., Sablynski, C. J., Burton, J. P., & Oltom, B. C., "Job embeddedness in a culturally diverse environment," *Academy of Management Journal*, 2004, 47: 711 - 722.

[72] Lengnick-Hall, M. L., & Lengnick-Hall, C. A., "HR's role in building relationship networks," *Academy of Management Executive*, 2003, 17 (4): 53 - 63.

[73] Lepak, D. P., Liao, H., Chung, Y. H., & Harden, E. E., "A conceptual review of human resource management systems in strategic human resource management research," *Research in Personnel and Human Resources Management*, 2006, 25: 217 - 271.

[74] Lepak, D. P., & Snell, S. A., "The human resource architecture: Toward a theory of human capital allocation and development," *Academy of Management Review*, 1999, 24 (1): 31 - 48.

[75] Lepak, D. P., & Snell, S. A., "Examining the human resource architecture: The relationships among human capital, employment and human resource configuration," *Journal of Management*, 2002, 28 (4): 517 - 543.

[76] Leung, K., Smith, P. B., Wang, Z., & Sun, H., "Job satisfaction in joint venture hotels in China: An organizational justice analysis," *Journal of International Business Studies*, 1996, Vol. 27: 947 - 962.

[77] Argote, L., McEvily, B., & Reagans, R., "Special issue on man-

aging knowledge in organizations: Creating, retaining, and transferring knowledge," *Management Science*, 2003, Vol. 49, No. 4: 571 - 582.

[78] Locke, E. A., *The nature and causes of job satisfaction*, in Dunnette, M. D. (Ed.), *Handbook of industrial and organizational psychology*, Chicago, Rand McNally, 1976: 1297 - 1349.

[79] Lopez-Cabrales, A., Pérez-Luño, A., & Cabrera, R. V., "Knowledge as a mediator between HRM practices and innovative activity," *Human Resource Management*, 2009, July-August, Vol. 48 (4): 485 - 503.

[80] Low, L. S. W., & Mohammed, A. H., *The development of knowledge sharing culture in construction industry*, Oxford, Proceedings of the 4th Micra Conference, 2005.

[81] Magner, N., Welker, R., & Johnson, G., "The interactive effects of participation and outcome favorability in performance appraisal on turnover intentions and evaluations of supervisors," *Occupational Organizational Psychology*, 1996, 69: 135 - 143.

[82] Maslach, C., Schaufeli, W. B., & Leiter, M. P., "Job burnout," *Annual Review of Psychology*, 2001, 52: 397 - 422.

[83] Mishra, J., & Morrissey, M. A., "Trust in employee/employer relationship: A survey of west Michigan managers," *Public Personnel Management*, 1990, 19 (4): 443 - 461.

[84] Mobley, W. H., Horner, S. O., & Hollingworth, A. T., "An evaluation of precursors of hospital employee turnover," *Journal of Applied Psychology*, 1978, 63 (4): 408 - 414.

[85] Mor Barak, M. E., & Levin, A., "Outside of the corporate mainstream and excluded from the work community: A study of diversity, job satisfaction and well-being," *Journal of Community*, 2001, *Work and Family*, 5 (2): 133 - 157.

[86] Mor Barak, M. E., Levin, A., Nissly, J. A., & Lane, C. J., "Why do they leave? Modeling turnover intentions from child welfare workers' perceptions of their organizational climate," *Children and Youth Services Review*, 2006, 28 (5): 548 - 577.

[87] Morris, S. S., Snell, S. A., & Lepak, D. P., *An architectural approach to managing knowledge stocks and flows: Implications for reinventing the human resource function*, in Burke, R. J. & Cooper, C. L. (Ed.), *Rein-*

venting HRM: *Challenges and new directions*, Routledge, 2005.

[88] Mowday, R., Porter, L., & Steers, R., *Employee-organization linkages*: *The psychology of commitment*, *absenteeism*, *and turnover*, New York, Academic Press, 1982.

[89] Nahapiet, J., & Ghoshal, S., "Social capital, intellectual capital, and the organizational advantage," *Academy of Management Review*, 1998, 23 (2): 242 - 266.

[90] Nishii, L. H., Lepak, D. P., & Schneider, B., "Employee attributions of the 'why' of HR practices: Their effects on employee attitudes and behaviors, and customer satisfaction," *Personnel Psychology*, 2008, Vol. 61: 503 - 545.

[91] Nissly, J. A., Mor Barak, M. E., & Levin, A., "Stress, social support, and workers' intentions to leave their jobs in public child welfare," *Administration in Social Work*, 2005, 29 (1): 79 - 100.

[92] Ogilvie, J. R., "The role of human resource practices in predicting organizational commitment," *Group and Organization Studies*, 1986, 11 (4): 335 - 359.

[93] O'Reilly, Richard, O. C., & Johnson, N., "Strategic human resource management effectiveness and firm performance," *International Journal of Human Resource Management*, 2001, 12 (2): 299 - 310.

[94] Parkhe, A., "Strategic alliance structuring: A game theoretic and transaction cost examination of inter-firm cooperation," *Academy of Management Journal*, 1993, 36: 794 - 829.

[95] Pil, F. K., & Leana, C., "Applying organizational research to public school reform: The effects of teacher human and social capital on student performance," *Academy of Management Journal*, 2009, 52 (6): 1101 - 1124.

[96] Podsakoff, P. M., Ahearne, M., & Mackenzie, S. B., "Organization and citizenship behavior and the quantity and quality of work group performance," *Journal of Applied Psychology*, 1997, 82 (2): 262 - 270.

[97] Podsakoff, P. M., & Mackenzie, S. B., "Transformation at leadership behaviors and substitutes for leadership as determinants of employees at is faction, commitment, trust and organizational citizenship behaviors," *Journal of Management*, 1996, 22 (2): 259 - 298.

[98] Podsakoff, P. M., MacKenzie, S. B., Paine, J. B., & Bachrach,

D. G., "Organizational citizenship behaviors: A critical review of the theoretical and empirical literature and suggestions for future research," *Journal of Management*, 2000, 26 (3): 513-563.

[99] Price, J., *The study of turnover*, Ames, IA, Iowa State University Press, 1977.

[100] Pucik, V., "Strategic alliances, organizational learning, and competitive advantage: The HRM agenda," *Human Resource Management*, 1988, 27: 77-93.

[101] Putnam, R., "Bowling alone: America's declining social capital," *Journal of Democracy*, 1995, 6 (1): 65-78.

[102] Quinn, J. B., Anderson, P., & Finkelstein, S., "Managing professional intellect: Making the most of the best," *Harvard Business Review*, 1996, March-April: 71-80.

[103] Rich, B. L., LePine, J. A., & Crawford, E. R. "Job engagement: Antecedents and effects on job performance," *Academy of Management Journal*, 2010, 53: 617-635.

[104] Richman, A., "Everyone wants an engaged workforce, how can you create it?" *Workspan*, 2006, Vol. 49: 36-39.

[105] Ring, P. S., & Van de Ven, A. H., "Structuring cooperative relationships between organizations," *Strategic Management Journal*, 1992, 13 (7): 483-498.

[106] Rotondi, T., "Organizational identification and group involvement," *Academy of Management Journal*, 1975, 18: 892-897.

[107] Rousseau, D., "Characteristics of departments, positions, and individuals: Contexts for attitudes and behaviors," *Administrative Science Quarterly*, 1978, Vol. 23: 521-540.

[108] Saari, L. M., & Judge, T. A., "Employee attitudes and job satisfaction," *Human Resource Management*, 2004, 43 (4): 395-407.

[109] Saks, A. M., "Antecedents and consequences of employee engagement," *Journal of Managerial Psychology*, 2006, 21 (7): 600-619.

[110] Schaufeli, W. B., Salanova, M., González-Romá, V., & Bakker, A. B., "The measurement of engagement and burnout: A two sample confirmatory factor analytic approach," *Journal of Happiness Studies*, 2002, 3: 71-92.

[111] Schaufeli, W. B., & Bakker, A. B., "Job demands, job resources,

and their relationship with burnout and engagement," *Journal of Organizational Behavior*, 2004, 25: 293-315.

[112] Schaufeli, W. B., Bakker, A. B., & Salanova, M., "The measurement of work engagement with a short questionnaire: A cross-national study," *Educational and Psychological Measurement*, 2006, 66: 701-716.

[113] Scholl, R., "Differentiating organizational commitment from expectancy as a motivating force," *Academy of Management Review*, 1981, 6: 589-599.

[114] Scott, S. G, & Bruce, R. A., "Determinants of innovative behavior: A path model of individual in the workplace," *Academy of Management Journal*, 1994, 37 (3): 580-607.

[115] Settoon, R. P., Bennett, N., & Liden, R. C., "Social exchange in organizations: Perceived organizational support, leader-member exchange, and employee reciprocity," *Journal of Applied Psychology*, 1996, 81: 219-227.

[116] Shalley, C. E., Zhou, J., & Oldham, G. R., "The effects of personal and contextual characteristics on creativity: Where should we go from here?" *Journal of Management*, 2004, 30: 933-958.

[117] Sheldon, M. E., "Investments and involvements as mechanisms producing commitment to the organization," *Administrative Science Quarterly*, 1971, 16: 143-150.

[118] Smith, K. G., Collins, C. J., & Clark, K. D., "Existing knowledge, knowledge creation capability, and the rate of new product introduction in high-technology firms," *Academy of Management Journal*, 2005, 48 (2): 346-357.

[119] Somers, M. J., "Organizational commitment, turnover and absenteeism: An examination of direct and interaction effects," *Journal of Organizational Behavior*, 1995, 16 (1): 49-58.

[120] Steers, R. M., "Antecedents and consequences of organizational commitment," *Administrative Science Quarterly*, 1977, 22: 46-56.

[121] Sun, L. Y., Aryee, S. & Law, K., "High performance human resource management practices, citizenship behavior, and organizational performance: A relational perspective," *Academy of Management Journal*, 2007, 50 (3): 558-577.

[122] Takeuchi, R., Lepak, D. P., Wang, H. L., & Takeuchi, K.,

"An empirical examination of the mechanisms mediating between high-performance work systems and the performance of Japanese organizations," *Journal of Applied Psychology*, 2007, 92 (4): 1069 - 1083.

[123] Takeuchi, R., Chen, G., & Lepak, D. P., "Through the looking glass of a social system: Cross-level effects of high-performance work systems on employees' attitudes," *Personnel Psychology*, 2009, 62 (1): 1 - 29.

[124] Tsai, W., "Social structure of 'coopetition' within a multiunit organization: Coordination, competition, and intraorganizational knowledge sharing," *Organization Science*, 2002, 13: 179 - 190.

[125] Tsuia, S., & Pearce, J. L., "Alternative approach to the employee-organization relationship: Does investment in employees pay off," *Academy of Management Journal*, 1997, 40: 1089 - 1121.

[126] Vandenberg, R. J., & Nelson, J. B., "Disaggregating the motives underlying turnover intentions: When do intentions predict turnover behavior?" *Human Relations*, 1999, 52 (10): 1313 - 1336.

[127] Vandenberg, R. J., & Lance, C. E., "Examining the causal order of job satisfaction and organizational commitment," *Journal of Management*, 1992, 18 (1): 153 - 167.

[128] Wagner, J. A., "Studies of individualism-collectivism: Effects on cooperation in groups," *Academy of Management Journal*, 1995, 38 (1): 152 - 172.

[129] Tsai, W., & Ghoshal, S., "Social capital and value creation: The role of intrafirm networks," *Academy of Management Journal*, 1998, 41 (4): 464 - 476.

[130] West, M. A., "Innovation among health care professionals," *Social Behaviour*, 1989, 4: 173 - 184.

[131] Whitener, E. M., "Do 'high commitment' human resource practices affect employee commitment? A cross-level analysis using hierarchical linear modeling," *Journal of Management*, 2001, 27: 515 - 535.

[132] Wollard, K. K., & Shuck, B., "Antecedents to employee engagement: A structured review of the literature," *Advances in Developing Human Resources*, 2011, Vol. 13, No. 4: 429 - 446.

[133] Wright, P. M., Dunford, B. B., & Snell, S. A., "Human resources and the resource based view of the firm," *Journal of Management*,

2001，27：6701－6721.

[134] Wright，P. M.，& Haggerty，J. J.，*Missing variables in theories of strategic human resource management：Time，cause and individuals*，Working Paper Series 05－03，CAHRS，Cornell University，2005.

[135] Zeffane，R. M.，"Understanding employee turnover：The need for a contingency approach，" *International Journal of Manpower*，1994，15（9）：22－38.

[136] Zhou，J.，& George，J. M.，"When job dissatisfaction leads to creativity：Encouraging the expression of voice，" *Academy of Management Journal*，2001，44（4）：682－696.

[137] Zhou，J.，& Shalley，C. E.，"Research on employee creativity：A critical review and directions for future research，" *Research in Personnel and Human Resources Management*，2003，12，165－217.

[138] Zuber，A.，"A career in food service cons：High turnover，" *Nations Restaurant News*，2001，35（21）：147－148.

[139] 方杰，张敏强，邱皓政．基于阶层线性理论的多层级中介效应．心理科学进展，2010（8）.

[140] 孙锐，石金涛．基于因子和聚类分析的区域技术创新能力评价．科学学研究，2006（12）.

[141] 温福星，邱皓政．组织研究中的多层级调节式中介效果：以组织创新气氛、组织承诺与工作满意的实证研究为例．管理学报（台湾），2009（26）.

[142] 温忠麟，张雷，侯杰泰，刘红云．中介效应检验程序及其应用．心理学报，2004（5）.

[143] 张瑞娟，孙健敏．人力资源管理实践对员工离职意愿的影响：工作满意度的中介效应研究．软科学，2011（4）.

第 4 章 管理者社会网络与人力资源管理系统的执行效果[①]

在上一章，我们重点研究了合作型人力资源管理如何通过员工组织内社会网络影响员工的工作态度和行为。在本章中，我们将研究组织中一类特殊的社会网络——人力资源经理和直线经理之间的社会网络。众所周知，企业的人力资源管理政策最终要通过各部门的直线经理传递给组织中的普通员工，直线经理是各项人力资源管理政策的真正执行者。人力资源经理和直线经理之间的社会网络可能会促进他们之间的知识交流与互动合作，这可能会对企业人力资源管理制度的实际执行效果带来影响。因此，在本章中，我们将研究企业如何通过人力资源管理制度设计增强人力资源经理与直线经理之间的社会网络，以及这种社会网络最终如何影响企业人力资源管理的实际执行效果——员工的满意度和离职率。

---

① 此部分根据牟小凡的毕业论文整理而成，数据和研究内容均受到国家自然科学基金项目（71472178）的支持。

4.1　引　言

在过去的30年中，战略性人力资源管理形成、发展，并对人力资源管理领域产生了实质性影响。战略性人力资源管理，涵盖企业及其业务单元所采纳的整体人力资源战略（Boxall et al.，2007），要求人力资源的模式与机制要以战略需求为依据，通过人力资源的能力建设与机制创新来驱动企业战略目标的实现。战略性人力资源管理研究的初衷，就是探讨人力资源管理实践与组织期望的战略产出之间的关系，以及二者相匹配的方式（Mark et al.，2009）。

在战略性人力资源管理领域，国内外已有大量研究从实证上支持了人力资源管理与组织绩效之间的相关性（Huselid，1996；苏中兴，2010；张徽燕、李端凤和姚秦，2012）。近年来，研究关注点集中在人力资源管理与组织绩效之间的中介机制上，以期找到人力资源管理对组织绩效的深层驱动因素，从而更好地指导企业管理实践（Chuang & Liao，2010；Messersmith，Patel & Lepak，2011；Sun，Aryee & Law，2007；Takeuchi，Lepak，Wang & Takeuchi，2007；张一弛、李书玲，2008）。

在探索战略性人力资源管理效果产生机制的过程中，直线经理的角色被日渐关注。直线经理承担着贯彻和执行人力资源管理各项制度的重要职责，其在战略性人力资源和组织绩效中的中介作用也得到了一些研究的支持（Dany，Guedri & Hatt，2008；Purcell & Hutchinson，2007）。Brewster & Larsen（2000），Whittaker & Marchington（2003）等还指出，提高直线经理在人力资源管理决策中的发言权，能够促进其与人力资源部门在经营和管理目标上的整合；直线经理承担人力资源管理职责能够降低人力资源管理的执行成本；直线经理的解决方案更能联系实际业务，进而提升组织绩效。

另一方面，人力资源经理深入业务部门并且承担起组织决策的战略伙伴角色同样被认为是战略性人力资源管理对组织绩效作出贡献的必要条件。Bartram，Stanton，Leggat，Casimir & Fraser（2007）

指出，传统的人力资源管理不能成功地证明其战略重要性，除非直线经理和员工能理解人力资源管理的绩效驱动角色并认可对人力资源经理的授权。同时，众多的直线经理批评人力资源管理部门没有对组织绩效作出贡献，原因在于人力资源部门无法联系经营现状，不能理解商业的本质，局限于做自己认为符合最佳商业利益的决策，而这些决策却不是业务层最认可的（Whittaker & Marchington，2003）。

直线经理和人力资源经理之间的合作之所以得到越来越多的关注，一定程度上还来源于研究者对人力资源管理战略规划与人力资源管理实际执行之间差异的担心。以往研究表明，实际执行并被员工感知到的人力资源管理活动比单纯的人力资源管理规划更能影响员工的态度和行为（Purcell，2003；Purcell & Hutchinson，2007）。然而，在实践中，人力资源部门的规划和政策往往与实际开展的并让员工真正感知到的人力资源管理实践之间存在偏差（Purcell & Hutchinson，2007）。直线经理作为员工最直接的信息来源和人力资源管理的实际执行者，对提高员工对人力资源管理实践的感知发挥着重要作用（Purcell & Hutchinson，2007）。

因此，为了创造高绩效，企业需要让人力资源部门了解业务并参与战略决策，同时也需要让直线经理参与到人力资源管理活动中，实现直线经理与人力资源经理之间更多的互动（Nikandrou & Papalexandris，2007；Renwick，2003）。如果缺乏这种互动，人力资源经理和直线经理之间不能相互理解和支持，将带来人力资源政策制定和实际执行之间的鸿沟，进而无法实现人力资源战略的预期目标。

鉴于此，在本研究中，我们提出了“人力资源经理—直线经理互动型”人力资源管理（简称互动型人力资源管理）这一概念。和以往研究中的各种面向员工的人力资源管理模式不同，这种互动型人力资源管理面向人力资源经理和直线经理，目的是促进人力资源经理和直线经理之间的互动与合作。我们通过开发新的量表来描述和测量这一人力资源管理模式，测量条目包含对增进人力资源经理和直线经理的互动有利的一些制度和工作设计。我们认为，当企业通过安排双方共同参加工作会议和工作任务等措施来增加人力资源经理和直线经理的接触机会，通过培训、轮岗等措施让直线经理具备人力资源管理的知识与能力、让人力资源经理充分了解公司的业务和业务部门对人力资源服务的需求，通过联结双方的考核和奖金制度来强化彼此合作的动机时，人力资源经理和直线经理这两个人力资源管理主体之间的互动将会使企业最终获益。

进一步，我们希望研究互动型人力资源管理模式是否真正对组织绩效产生了积极影响，在人力资源管理模式与企业绩效的“黑箱”中，又是何种中介机制在发挥作用。因此，本研究以社会资本理论为框架，检验了互动型人力资源管理、人力资源经理与直线经理的社会资本以及组织绩效之间的关系。具体来说，互动型人力资源管理模式是否能够促进人力资源经理与直线经理之间的社会网络，并通过社会网络增强彼此的共享语义，最终促进员工对企业的人力资源管理进行积极的反馈，包括员工满意度的提高和离职率的降低。本研究的整体假设模型如图 4—1 所示。

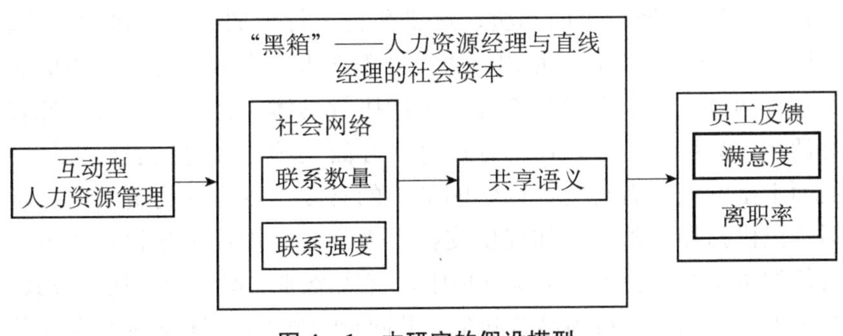

图 4—1　本研究的假设模型

4.2　文献综述与理论发展

4.2.1　文献综述

早在 1971 年，明茨伯格即将解决与员工相关的问题（employee issues）定义为领导者应当承担的一项重要角色。后续研究者普遍采纳这一观点，从而明确了领导者的人事管理职能。在过去的几十年中，伴随着人力资源管理逐渐取代人事管理的变化，以及要求人力资源管理作出战略贡献的压力，直线经理在人力资源管理中的责任进一步增加（Gilbert & Sels，2011）。20世纪90年代，开展了三场有关直线经理角色的辩论：一是让人力资源管理回归一线；二是在传统监督责任的基础上，扩大直线经理在人力资源管理中的职责；三是讨论人力资源管理规划与执行之间存在差距的原因，将其解释为直线经理缺乏必要的培训、缺少对管理工作的兴趣、工作负担过重、工作任务的优先顺序以及自利行为（Purcell & Hutchinson，2007）。

直线经理的人力资源管理责任被认为是实现企业战略的重要因素，不仅在实现核心业务目标中发挥着至关重要的作用，而且是员工政策传递和执行中的关键角色，同时也是连接人力资源部门的管理制度与其下属员工和员工绩效的关键环节（Keegan & Turner，2011），对其下属员工的动机、承诺和自主行为拥有更直接的影响。Gilbert & Sels（2011）指出，直线经理在人力资源管理中承担的职责包含两方面。一方面是管理，包括执行具体和常规的人力资源管理活动，如招聘、绩效评价等；另一方面是领导，包括表现更加广泛而丰富的领导者行为，以影响员工的态度、行为并为员工的日常活动提供指导和框架，如提供支持、为重要决策提出建议，认可有价值的贡献等。在人力资源管理中，直线经理承担管理责任的方式，与更加广泛的领导行为结合起来，共同影响员工对于他们是如何被管理这一问题的感受（Purcell & Hutchinson，2007），并进而影响员工的态度和行为，因此对于人力资源管理的有效实施是十分重要的。同时，直线经理与其下属员工间关系的质量，也会影响到员工对人力资源管理职能和整体工作氛围的感知，从而影响员工对组织的反馈。

归纳不同学者的观点，直线经理参与人力资源管理的必要性主要体现在以下五个方面（Brewster & Larsen，2000，Whittaker & Marchington，2003）：（1）直线经理与下属员工共同工作，因此能够更为迅速合理地作出反应；（2）直线经理的解决方案更能够联系实际业务，进而促进组织绩效；（3）直线经理承担部分人力资源管理职能，有助于削减管理成本；（4）基本的管理责任能够增加直线经理在人力资源管理决策中的发言权，促进其与人力资源经理在其他目标上的整合；（5）加快决策速度。

另外，直线经理在人力资源管理中扮演的重要角色，很大程度上来源于对人力资源管理决策与人力资源管理实践之间差异的认识。在人力资源管理与组织绩效的关系之间，存在几个环环相扣的关键步骤（Purcell & Hutchinson，2007）。人力资源管理的制度政策需要被实际执行，执行的人力资源管理实践需要被员工感知，而员工感知到的管理活动会影响其态度和行为，只有员工做出的态度和行为是符合组织期望的，才能够对组织绩效的提升起到促进作用。直线经理在具体执行人力资源管理中遇到的问题可能使管理实践与管理期望存在偏差，而员工则将直线经理看做组织的代理人及人力资源管理的传递者。因此，成功的人力资源管理，需要直线经理以人力资源部门和员工都认可的方式有效进行。直线经理在人力资源管理中的积极作用也在近两年得到实证研究的支持。Kuvaas，Dysvik & Buch（2014）对89名直线经理和631名员工的调查表明，直线经理一方面能够促进人力资源管理实践，另一方面能够提高员工产出。直线经理在促进人力资源管理的认知以及增强员工的内在动机中发挥着积极作用，员工的离职意愿也受其感受到的直线经理支持的调节。Ryu & Kim（2013）在亚洲文化背景下的实证研究，也得出这一结论：直线经理参与人力资源管理，将有助于管理效率和效果的提高。

但同时，虽然一些管理学者将管理权下放给直线经理作为现代人力资源管理的关键特征之一，且进一步的放权似乎成为一种理所当然的趋势，但直线经理在人力资源管理中的角色仍然是争论的焦点。Keegan & Turner（2011）在对四个国家四个不同企业的调查中发现，由直线经理执行的人力资源管理实践可能呈现出一种更大的差异性，如果直线经理不能很好地掌控自身的人力资源管理角色，直线经理的参与有可能会为员工带来负面影响。首先，虽然直线经理被赋予越来越多的人力资源管理职责，但很多时候，他们被认为是不情愿的，缺乏人力资源管理能力或开展管理活动的动力。员工在人力资源活动中所应获得的支持和福利，可能会因为直线经理没有足够的动力去执行而被忽视，或者，直线经理根本没有时间投入这些工作。其次，相比于人力资源部门，直线经理在处理工作任务上的优先顺序可能不同，对待经营目标和增值服务的优先级也会不同，直线经理或许也无法像人力资源部门一样关注员工的兴趣并保障其福利的实现，也无法作为员工和企业的双重代表，实现员工利益和组织利益间的平衡。最后，直线经理在人力资源管理职责上缺乏足够的训练，特别是当组织由传统的人力资源管理方式转向新型的人力资源管理活动时，直线经理可能无法理解新政策背后的管理原则，并因此对管理政策产生不恰当的理解（Ryu & Kim，2013；Bos-Nehles，Riemsdijk & Looise，2013）。

将人力资源管理的权力移交直线经理的讨论也带来了对人力资源部门职责的讨论。有极端的观点认为，人力资源部门将无法继续体现其存在的必要性；而更多的观点则依旧强调人力资源部门的独特作用。一种观点认为由直线经理承担人力资源管理的事务性工作有利于人力资源部门进行创造性工作，将精力聚焦于支撑组织的战略目标；另一种观点认为，直线经理在人力资源管理上存在局限性，因此人力资源部门在退出常规管理活动这一决策上也务必要谨慎（Gilbert & Sels，2011）。Dany，Guedri & Hatt（2008）在研究中提出，虽然人力资源管理和组织战略的整合将对组织绩效产生积极影响这一观点在过去被战略性人力资源管理领域普遍接纳，但一个同样必要的条件是，人力资源经理和直线经理之间可以达成最佳角色分配，且能够就人力资源管理决策进行定期沟通。他们认为，人力资源管理并不应该被作为一个单一的变量进行研究，它包含众多的人力资源管理实践，而且因为流程设计、责任分工以及所处组织环境的不同而有所不同。这就是为什么相同的人力资源管理政策在不同组织中所取得的效果可能不同，而成功的组织也并不固定采用同一套人力资源管理模式。因此，人力资源管理以何种方式被组织将对绩效产生重要且独特的影响。不只是人力资源管理本身应该被纳入战略决策过程中，人力资源管理专家的作用同样应该被突出，以明确战略层面的人力资源决策到底应该包含什么。在高绩效工作系统中，让人力资源经理深入业务部门并成为参与组织决策的战略伙伴同样被认为是对组织绩效作出贡献的必要条件。Bartram, Stanton, Leggat, Casimir & Fraser（2007）提出，传统的人力资源管理不能成功地证明其战略重要性，除非人力资源管理作为绩效驱动因素的角色被肩负绩效期望的管理者及其员工理解，并认可对人力资源经理的授权。否则，人力资源管理将仅仅停留在其行政职能中，并在财务不景气的情况下首当其冲，受到约束。人力资源部门只依靠招聘、绩效考核、薪酬管理等方面的技术是缺乏效率的，能对绩效产生积极影响的是人力资源部门的战略能力，即设计并实施一整套人力资源管理模式以确保企业的人力资本能够为实现经营目标作出贡献的能力（Huselid, Jackson & Schuler, 1997）。

综上所述，为了创造高绩效，必须在战略决策中增加人力资源部门的参与，并使直线经理参与到人力资源管理活动中（Nikandrou & Papalexandris, 2007），进而实现人力资源经理与直线经理之间更多的互动、参与和分享，而非仅仅是人力资源经理扮演战略性角色而直线经理扮演操作性角色（Renwick, 2002）。因此，需要研究一种着眼于人力资源经理和直线经理之间关系的人力资源管理模式，使得人力资源经理和直线经理均能从这一制度设计和角色分配中获益，弥补二者独立承担人力资源管理职能的不足。

在综述直线经理和人力资源经理的人力资源管理角色的基础上我们提出，直线经理在具体执行人力资源管理实践中的表现对于提高员工对人力资源管理的感受，从而提高人力资源管理的有效性具有关键推动作用。而因为直线经理在承担人力资源管理职能时可能存在各种问题，需要与人力资源部门相互支持与配合，并在制度设计上得到强化和保障。Bos-Nehles, Riemsdijk & Looise（2013）的研究曾借用AMO模型（Appelbeum et al., 2000）的框架，指出直线经理在人力资源管理中的为难和不情愿可以解释为缺少人力资源管理的能力、缺乏承担管理职责的动机以及所处的环境没有为他们创造足够的机会。

AMO代表了战略性人力资源管理模式设计中的三个结构要素。Appelbeum et al.（2000）基于结构观点，将组织绩效看做组织核心结构要素的产出，要求必须具备产生高绩效的能力、提供产生高绩效的机会以及激励产生高绩效的动机。任何组织绩效的提高，都必须致力于三个核心结构要素的改善。

因此，本研究提出了互动型人力资源管理模式。首先，互动型人力资源管理是面向企业的人力资源经理和直线经理的管理模式，将提高人力资源部门的规划、决策与直线经理的执行、实践之间的匹配度和一致性作为提高人力资源管理有效性的核心。其次，互动型人力资源管理建立在AMO框架上，旨在通过各种管理制度、管理措施和管理活动，让人力资源经理和直线经理分别熟悉彼此领域的知识技能、强化彼此在工作中进行合作的动机，以及为彼此提供更多的合作机会，进而增加人力资源经理和直线经理之间的互动数量和强度。

4.2.2 人力资源管理与人力资源经理和直线经理间的社会网络

战略性人力资源领域的学者曾经提出了多种人力资源管理模式，包括高绩效工作系统（Huselid，1995）、承诺型人力资源管理（Arthur，1994；Wood & De Menezes，1998）、控制型人力资源管理（Arthur，1994；Wood & De Menezes，1998）、承诺控制混合型人力资源管理（Su & Wright，2012）等。与以往研究不同，本研究提出的互动型人力资源管理是面向企业的人力资源经理和直线经理的，旨在通过对各种人力资源管理政策和实践的应用，强化人力资源经理和直线经理在工作中进行互动的能力、动机和机会，进而促进彼此之间开展更多更深入的互动与合作。

根据战略性人力资源管理系统设计的能力、动机和机会三大结构维度，这种互动型人力资源管理包括以下三方面的内容。

首先，从能力的角度看，互动型人力资源管理通过实行相应的管理措施让人力资源经理掌握更多的业务知识以及学会如何和业务部门建立工作联系。这些措施包括招聘人力资源部门的人员时重视考察候选人的行业经历和专业背景，选派人力资源部门的人员到业务部门轮岗和锻炼，选拔业务部门的员工转岗到人力资源部门工作等。另一方面，互动型人力资源管理重视增加直线经理的人力资源管理相关知识和技能，例如对直线经理进行人力资源管理培训，在直线经理选拔中注重考查他们的人力资源管理知识和技能等。上述管理措施将使得直线经理和人力资源经理具备对方领域的专业知识和技能，增加了彼此互动的可能性，使双方的联系与合作更加深入。

其次，从动机的角度，互动型人力资源管理通过绩效考核、薪酬、晋升等管理措施，激励直线经理和人力资源经理在工作中开展更多的互动与合作。比如，企业可以将人力资源部门的奖金和业务部门的业绩挂钩，把直线经理的认可和评价作为评定人力资源部门绩效的重要依据；另一方面，企业把直线经理对下属的管理和培养以及对各项人力资源政策的执行作为他们绩效考核的重要内容之一，在直线经理的选拔中注重考察候选人在人力资源管理方面的知识和技能等。上述管理措施通过利益机制的设计强化了人力资源经理和直线经理彼此互动交流的动机。人力资源经理会更加主动地接触业务部门并了解他们人力资源服务的需求，直线经理也会更加主动地接触人力资源部门以了解各项制度政策，并试图获得人力资源技术和服务方面的支持，这些都将使得双方联系的频率和深度大大增加。

最后，除了对人力资源经理和直线经理进行有针对性的招聘、培训、考核和激励之外，互动型人力资源管理还注重从工作设计和社会系统建设等方面为双方提供更多的互动和交流机会。比如，企业可以要求人力资源经理和直线经理合作完成某些工作任务，企业在召开管理和业务发展等相关会议时要求双方共同参加，企业举办内部社交活动让不同部门人员之间有更多的接触机会，企业支持人力资源部门发展与业务部门的工作联系等。借助上述措施，人力资源经理和直线经理之间会有更多的交流和互动的机会，从而为今后工作上的联系和配合建立更好的基础。

Tsai & Ghoshal（1998）将社会资本定义为，嵌套在个人和社会单元的关系网络中，源于并在社会网络中可用的实际和潜在的资源。社会网络被认为是社会资本的结构维度，由一个个节点和节点之间的联系构成，节点之间联系的密度、频率和深度决定了社会网络的基本特征（Granovetter，1973）。其中，密度取决于社会网络中不同成员之间建立联系的数量，频率指一定时间内社会网络中各种联系建立和使用的次数，深度则体现了网络中各种联系的密切程度。根据我们前面的论述，本章提出的这种互动型人力资源管理强化了人力资源经理和直线经理在工作中开展联系和互动的能力、动机与机会，从而促使人力资源经理和直线经理之间发生更多的联系、更频繁和更有深度的联系和互动。因此，我们提出假设 4.1。

假设 4.1：*互动型人力资源管理扩展了人力资源经理和直线经理之间的社会网络。*

4.2.3 社会网络与双方的共享语义

共享语义属于社会资本中的认知维度，代表知识和资源能够在传送者和接收者之间被理解、沟通和达成共识的情境（Levin，Whitener & Cross，2006）。有意义的沟通要求在交换者之间有一定共享的语境（Triandis，1960），这种共享的语境有利于拉近个体与群体行为间的距离（Tsoukas & Vladimirou，2001），为具有不同知识、背景和经历的员工提供彼此理解的基础；有利于知识的交换和新知识的产生（Szulanski，1996）。研究表明，共享语义构建了知识交换的途径并形成共同的整合知识的框架，从而促进知识共享和知识创造的行为（Chiu，Hsu & Wang，2006；Henderson，2005；Nahapiet & Ghoshal，1998）。

业务单元的人员通常使用术语来与处在共同情境中的其他人沟通。术语作为一种编码，能够通过提高信息传递的效率来节省沟通成本，然而，这种术语会限制跨领域的沟通，并使相互之间的协同更加困难（Arrow，1974；Cremer，Garicano & Prat，2007）。直线经理和人力资源经理之间的交流与合作，就是一种跨部门、跨领域的互动行为，双方知识背景和专业领域的不同，可能使得二者在解决共同的问题时，无法形成有效的沟通从而不能深刻理解对方的需要。要解决这一问题，就必须建立直线经理与人力经理之间的共享语义，形成能够被二者认同和理解的沟通模式。

根据社会资本理论，社会网络对社会成员之间具有普遍意义的词汇的形成提供了基础（Bourdieu，1986；Nahapiet & Ghoshal，1998）。有研究者以社会网络中联系的数量、频率和深度来测量社会资本的结构维度，以共享的语言、编码和叙述来测量社会资本的认知维度，结果发现结构维度与认知维度有内在的相关关系（Edelman，Bresnen，Newell，Scarbrough & Swan，2004；Hatzakis，Lycett，Macredi & Martin，2005）。实证研究还表明，社会网络中的联系和互动能够促进网络内知识的交流，进而发展出共同的认知和通用的词汇（Karahanna & Preston，2013；Lee，2009）。基于上述理论以及我们对假设 4.1 的论证，我们推断，互动型人力资源管理扩展了人力资源经理和直线经理之间的社会网络，而正是这种社会网络促进了彼此知识的交流，使得彼此更加熟悉对方的专业术语。因此，我们提出假设 4.2。

假设 4.2：互动型人力资源管理通过社会网络发展了人力资源经理和直线经理之间的共享语义。

4.2.4 共享语义与人力资源管理的实际执行效果

员工的满意度和离职率被认为是反映企业人力资源管理执行效果的两个代表性变量（Nishii，Lepak & Schneider，2008），也是和员工绩效关系密切的两项重要产出（Cropanzano，Rupp & Byrne，2003；Halbesleben & Buckley，2004；Judge，Thoresen，Bono & Patton，2001）。研究表明，员工的工作满意度对预测组织绩效是有效的（Thoresen，Bono & Patton，2001）。而员工离职率作为一项客观指标，从根本上影响着组织的效率和经济效益（Purcell & Hutchinson，2007）。因此，在研究员工对企业人力资源管理效果的反馈时，满意度和离职率得到了广泛的应用（Frenkel，Sanders & Bednall，2013；Nishi，Lepak & Schneider，2008）。

学者们指出，人力资源管理对企业绩效的贡献，不仅在于人力资源管理政策的选择，而且受人力资源管理实践的构建、传递和贯彻过程的影响（Bowen & Ostroff，2004；Delmotte，De Winne & Sels，2012）。组织期望的管理、实际执行的管理、员工感知的管理、员工的态度和行为以及组织绩效这些链条之间是环环相扣的（Purcell & Hutchinson，2007）。为了发挥人力资源管理对企业绩效的驱动作用，必须提高员工对人力资源管理的感知来促使其做出积极的态度和行为反馈（Eisenberger，Stinglhamber，Vandenberghe，Sucharsk & Rhoades，2002）。由于直线经理在员工招聘、绩效评价、奖金分配、职业发展、员工沟通等具体人力资源管理活动中承担着重要职责，因此会影响员工对人力资源管理的感知，进而影响员工的工作态度和行为（Purcell & Hutchinson，2007）。

然而，在现实中，阻碍直线经理发挥人力资源管理作用的重要原因是直线经理缺乏人力资源管理的相关知识和技能，以及在实际工作中缺少来自人力资源部门的支持（Cunningham & Hyman，1999；Whittaker & Marchington，2003）。同时，众多直线经理批评人力资源管理部门没有对组织绩效作出贡献，因为他们无法联系经营现状，无法做出符合最佳商业利益和最被业务层认可的决策（Whittaker & Marchington，2003）。正如假设 4.2 所论证的，本章提出的这种互动型人力资源管理发展了直线经理和人力资源经理之间的共享语义，而这种共享语义的存在能使双方更好地沟通工作中的专业问题，相互理解、达成共识并相互支持。这使得人力资源部门制定的决策更加符合业务部门的需要，而直线经理也能够更好地理解、认可和执行人力资源管理的各项制度，最终带来更加积极的员工反馈，包括员工满意度的提高和离职率的下降。因此，我们提出假设 4.3 和假设 4.4。

假设 4.3：互动型人力资源管理通过共享语义提高了员工满意度。

假设 4.4：互动型人力资源管理通过共享语义降低了员工离职率。

4.3 研究方法

4.3.1 样本与数据

本研究的数据来自对北京市中关村 IT 企业的调查。在中关村

IT 人才协会的帮助下，我们首先电话联系了协会会员企业名录上 IT 企业的人力资源经理，询问并动员他们所在的企业参加此次调查。随后，我们向这些企业发送了电子邮件，每封邮件包含一封介绍信和三份不同调查问卷的超级链接。介绍信详细解释了本次调查的目的以及不同调查对象如何通过点击相应的链接来填写问卷，同时向被调查者保证他们的回答会进行保密处理。整个调查是在线完成的，一旦被调查者填写完毕点击提交，数据便会在后台服务器中自动生成一份 Excel 文档，这种方式有利于被调查者更加真实地回答问题，并且避免了问卷录入可能带来的人工差错。本次研究中，互动型人力资源管理和人力资源经理的社会网络这两个变量的数据来自人力资源经理的回答，共享语义的数据来自直线经理的回答并聚合到组织层面，员工满意度的数据来自员工的回答并聚合到组织层面，员工离职率的数据来自被调查企业的年底档案数据。我们通过四个不同来源收集数据，避免了同源误差的产生。

在进行问卷调查前，由于有些问卷是英文版的，为了保证概念和语义的一致，我们采用了标准的问卷翻译流程（Brislin，1990），由两个精通两种语言的研究者将量表从英文翻译为中文，然后译回英文。为了确保问卷能被准确理解，同时也为了验证在线调查系统的可用性，我们事先进行了预调查。在正式调查阶段，我们共向 186 家企业发送配套调查问卷，收回 127 家企业的数据。经过数据预处理排除数据质量过低的样本，以及计算排除组内一致性过低的样本，我们共删除了 4 家企业的数据。最终，我们获得了 123 家企业的人力资源经理有效问卷 123 份，83 家企业的直线经理有效问卷 263 份，83 家企业的员工有效问卷 602 份。在对假设 4.1 的检验中，由于数据仅来源于人力资源经理，因此满足条件的样本数量为 123 家企业；在对假设 4.2 和假设 4.4 的检验中，由于数据来源于人力资源经理、直线经理和企业报告的离职率数据，因此满足条件的样本数量为 79 家企业；在对假设 4.3 的检验中，由于数据必须满足同时来源于人力资源经理、直线经理和至少三名员工，因此满足条件的样本数量为 49 家企业。

4.3.2 变量测量

1. 互动型人力资源管理

我们访谈了参与调查的部分人力资源经理，并在此基础上设计了包含 13 个条目的互动型人力资源管理的测量量表，采用利克特 5 级量表形式（“1” = “很不符合”，“5” = “很符合”）。这些条目涵盖了能力、动机和机会三个维度。战略性人力资源的实证研究都是把各项管理实践的平均分作为人力资源管理系统的得分。因此参照 Takeuchi et al.（2007）的做法，我们通过单因子方法进行抽取，结果显示所有 14 个条目的载荷均在 0.6 以上，并且单一因子解释了总方差的 57.41%，总特征值为 8.04。本次测量的 α 系数为 0.94。表 4—1 提供了互动型人力资源管理的 13 个测量条目及其因子载荷。

表 4—1 互动型人力资源管理的因子分析结果

问卷题目	因子载荷
公司对业务部门的直线经理开展人力资源管理的知识和技能培训	0.870
公司在直线经理的选拔中注重考察人力资源管理知识和技能	0.853
公司培训人力资源部门人员如何和业务部门建立良好的工作联系	0.825
公司通过会议和活动，搭建人力资源部门和业务部门沟通讨论的平台	0.797
公司选派人力资源部门的人员到业务部门进行轮岗和锻炼	0.767
公司为人力资源部门发展和建立与其他部门的工作联系提供费用和资源	0.763
人力资源管理制度在各部门的执行和落实情况是公司考核直线经理的内容之一	0.756
公司人力资源部门的人员互相分享如何和业务部门建立联系与合作的经验	0.749
公司设计的一些工作任务需要人力资源部门和业务部门合作来完成	0.747
人力资源部门的奖金是和业务部门的业绩挂钩的	0.724
业务部门的认可是公司评价人力资源部门工作好坏的重要依据	0.673
公司在人力资源部门人员的招聘中重视考察候选人的行业背景和业务知识	0.653
公司选拔具备业务背景的员工转岗到人力资源部门工作	0.645

2. 人力资源经理的社会网络

基于社会网络的三维度结构（Granovetter，1973），学者们普遍从联系的数量、频率和深度三个方面来衡量社会网络的整体水平（Nahapiet & Ghoshal，1997；Chua，2003；Huysman & Wit，2004）。近年来的实证研究发现，联系的频率和深度存在较高相关性，二者的平均分可以作为联系的强度（Collins & Clark，2003；Pil & Leana，2009）。因此，在本研究中，我们从联系的数量和联系的强度两个方面去测量人力资源经理用以和直线经理联系的社会网络。参照 Collins & Clark（2003），Pil & Leana（2009）等的方法，我们用“在公司中，你和多少直线部门的经理有着较好的个人关系？”（“1”＝“几乎没有”，“2”＝“总数的 1/4 左右”，“3”＝“总数的 1/3 左右”，“4”＝“总数的 1/2 左右”，“5”＝“总数的 2/3 左右”，“6”＝“总数的 3/4 左右”，“7”＝“几乎全部”）来测量社会联系的数量；用“通常情况下，你每周和这些直线经理接触的总频率是多少？”（“1”＝“0～2 次”，“2”＝“3～5 次”，“3”＝“6～10 次”，“4”＝“11～20 次”，“5”＝“21～30 次”，“6”＝“31～40 次”，“7”＝“41 次及以上”）来测量社会联系的频率，用“通常情况下，你感觉和这些直线经理在接触中讨论问题的深度如何？”（“1”＝“非常没有深度”，“7”＝“非常有深度”）来测量联系的深度。然后，根据以往研究（Collins & Clark，2003；Pil & Leana，2009），我们取频率和深度的平均值作为社会联系的强度。

3. 共享语义

共享语义的测量是在 Collins & Smith（2006）量表的基础上修订而来的，三个条目分别为：“和人力资源经理/直线经理共事时，彼此好像比较熟悉对方专业领域的东西”，“和人力资源经理/直线经理在谈论工作时，总是容易相互理解”，“和人力资源经理/直线经理讨论问题时，很容易理解对方使用的一些专业术语”。本次测量的 α 系数为 0.94。因子分析表明，三个条目呈现清晰的单因子结构，因子载荷均大于 0.5，解释了总方差的 87.85%。

本次调查中，我们要求人力资源经理和直线经理分别对共享语义进行评价，结果表明双方的评价具有较高的相关性，研究结论也相似。因此，我们在假设检验中仅采用直线经理报告的共享语义数据，以避免和人力资源经理报告的社会网络数据存在同源误差。在79家企业中，平均每家企业有3.17位直线经理报告了共享语义，其中最多的企业有10名直线经理，最少的是1名。ICC（1）＝0.34（>0.05），ICC（2）＝0.56（>0.5），R_{wg}在0.75～1.00之间，R_{wg}平均值为0.93，满足个体层面数据聚合到组织层面的需要（James，1982；James，Demaree & Wolf，1993；William，Michael & Kristin，2003）。

4. 员工满意度

员工满意度量表来自Leung et al.（1996）的研究所使用的量表，采用利克特7级量表形式（“1”＝“非常不同意”，“7”＝“非常同意”）。四个条目分别为：“整体而言，我对目前的工作感到满意”，“我愿意继续从事同样的工作”，“我会建议我的朋友也从事类似的工作”，“目前的工作是我所期望的”。本次测量的α系数为0.92。因子分析表明，四个条目呈现清晰的单因子结构，因子载荷均大于0.5，解释了总方差的81.78%。

在49家样本企业中，平均每家企业有7.25位员工报告了满意度数据，其中最多的企业有22名员工提供数据，最少的有3名员工提供数据。ICC（1）＝0.17>0.05，ICC（2）＝0.54>0.5，R_{wg}在0.72～1.00之间，R_{wg}平均值为0.91，满足数据聚合的需要（James，1982；James，Demaree & Wolf，1993；William，Michael & Kristin，2003）。

5. 离职率

离职率是衡量企业人力资源管理效果的一个重要指标，并最终影响企业经营效率和财务绩效（Purcell & Hutchinson，2007）。每个企业年底都会计算离职率指标作为管理决策的重要依据。计算公式为年度离职率＝年度离职总人数/年均总人数。我们从每个企业的人力资源部门获得这一客观数据。

6. 控制变量

考虑到企业规模、所有制形式、企业存续年限等组织特征变量

可能会影响人力资管理和组织绩效的关系，于是我们将上述三个变量作为控制变量。其中，所有制形式采用哑变量，分别为民营企业、外资企业和国有企业。

在我们的研究中，由于离职率是客观数据，社会网络的测量也接近客观数据，而互动型人力资源管理、共享语义、员工满意度等变量尽管是主观评价数据，但这些数据并非同源数据，因此本研究不存在共同方法偏差，也没有必要进行验证性因子分析以检验变量间的判别效度。

4.4　数据分析与结果

表 4—2 给出了所有变量的描述性统计和简单相关系数。可以看出，互动型人力资源管理和人力资源经理的社会网络（联系数量和联系强度）、员工满意度等变量显著正相关，和离职意向显著负相关。

表 4—3 的回归结果表明，互动型人力资源管理与人力资源经理社会网络的联系强度显著正相关（$\beta=0.46$，$p<0.001$），与联系数量之间的相关性呈现边缘显著（$\beta=0.16$，$p<0.1$）。因此，互动型人力资源管理显著扩展了人力资源经理与直线经理社会联系的强度和数量，假设 4.1 得到验证。

我们接下来采用 Baron & Kenny（1986）的方法检验中介作用。互动型人力资源管理与直线经理感知的共享语义存在显著的正相关关系（$\beta=0.41$，$p<0.001$）。当同时加入互动型人力资源管理、联系数量与联系强度时，互动型人力资源管理与共享语义之间的相关性明显降低（$\beta=0.26$，$p<0.05$），而联系强度和共享语义显著正相关（$\beta=0.31$，$p<0.05$）。因此，互动型人力资源管理通过社会网络的联系强度提高了共享语义，假设 4.2 得到部分支持。

为验证共享语义在互动型人力资源管理和员工满意度以及离职率关系中的中介作用，我们分别对满意度和离职率两个因变量做层级回归，结果如表 4—4 所示。

表 4—2　　变量均值、标准差和简单相关系数

	均值	标准差	1	2	3	4	5	6	7	8	9	10
互动型人力资源管理	3.28	0.68										
联系数量	4.43	1.77										
联系强度	4.41	1.00	0.45**	0.52**								
共享语义	3.69	0.82	0.45**	0.33**	0.49**							
满意度	4.64	0.54	0.40**		0.24*	0.46**						
离职率	14.80	10.98	−0.26**	−0.15	−0.29**	−0.42**	−0.01					
企业规模	460.46	1 651.00	−0.06	−0.12	−0.06	−0.16		0.01				
企业存续年限	8.80	4.78	−0.24**	−0.20*	−0.06	−0.27*	−0.17	0.01	0.52**			
国有企业	0.09	0.28	−0.06	0.07	−0.04	−0.22*	0.05	0.14	0.27**	0.19*		
民营企业	0.80	0.40	−0.09	0.06	−0.03	−0.15	−0.13	−0.13	−0.26**		−0.61**	
外资企业	0.12	0.32		−0.13	0.07	0.02	0.12	0.03	0.09	0.02	−0.11	−0.72**

说明：** $p<0.01$，* $p<0.05$。

表 4—3　　层级回归分析：互动型人力资源管理、社会网络对共享语义的预测力

预测变量	共享语义（N=79）			社会网络（N=123）	
	Step1	Step2	Step3	数量	强度
企业规模	0.01	−0.02	0.01	−0.03	−0.07
民营企业	0.09	0.07	0.29* (0.04)	−0.15	0.02
外资企业	0.23	0.16	0.18	−0.05	0.02
企业存续年限	−0.07	−0.12	−0.13	−0.16	−0.09
互动型人力资源管理		0.41*** (0.000)	0.26* (0.02)	(0.09)	0.46*** (0.000)
联系数量			0.11		
联系强度			0.31* (0.02)		
调整的 R^2	0.11	0.27	0.38	0.09	0.21
F		5.35***	6.30***		6.11***
ΔR^2		0.16***	0.12**		

说明：*** $p<0.001$，** $p<0.01$，* $p<0.05$，括号中为 p 值。

表 4—4　　层级回归分析：互动型人力资源管理、共享语义对满意度和离职率的预测力

预测变量	满意度（N=49）			离职率（N=79）			共享语义
	Step1	Step2	Step3	Step1	Step2	Step3	（N=79）
企业规模	−0.21	−0.23	−0.23	−0.04	−0.02	−0.02	−0.02
民营企业	−0.19	−0.19	−0.30	−0.22	−0.23	−0.12	(0.07)
外资企业	0.01	−0.05	−0.11	−0.13	−0.08	−0.02	0.16
企业存续年限	−0.09	0.01	0.06	−0.004	−0.08	−0.13	−0.12
互动型人力资源管理		0.38*	0.22		−0.29*	−0.13	0.41***
		(0.01)	(0.14)		(0.02)	(0.28)	(0.000)
共享语义			0.38*			−0.38**	
			(0.01)			(0.003)	
调整的 R^2	0.08	0.18	0.32	−0.02	0.10	0.21	0.16
F	1.03	2.40*	3.42**	0.45	1.63	3.13**	5.35***
ΔR^2		0.21*	0.11*		0.08*	0.11**	

说明：*** $p<0.001$，** $p<0.01$，* $p<0.05$。

从中可以看出，在互动型人力资源管理、共享语义与员工满意度的关系中，互动型人力资源管理与员工满意度显著正相关（$\beta=0.38$，$p<0.05$），与共享语义也显著正相关（$\beta=0.41$，$p<0.001$）。当同时加入互动型人力资源管理与共享语义时，互动型人力资源管理与满意度之间的相关性不再显著（$\beta=0.22$，$p=0.14$），而共享语义与员工满意度显著正相关（$\beta=0.38$，$p<0.05$）。因此，共享语义是互动型人力资源管理和员工满意度的中介变量，假设4.3得到支持。在互动型人力资源管理、共享语义与员工离职率的关系中，互动型人力资源管理与离职率显著负相关（$\beta=-0.29$，$p<0.05$）。当同时加入互动型人力资源管理与共享语义时，互动型人力资源管理与离职率之间的相关性不再显著（$\beta=-0.13$，$p=0.28$），而共享语义与员工离职率显著负相关（$\beta=-0.38$，$p<0.01$）。因此，共享语义是互动型人力资源管理和员工离职率的中介变量，假设4.4得到支持。

鉴于本次研究的配对样本数量较小，我们采用了 Preacher & Hayes（2008）发展的自助检验（bootstrapping test）方法做进一步的中介机制研究。首先，为检验假设4.2，我们以互动型人力资源管理为自变量，以社会网络的联系数量和联系强度为中介变量，以共享语义为因变量进行自助检验，如图4—2所示。

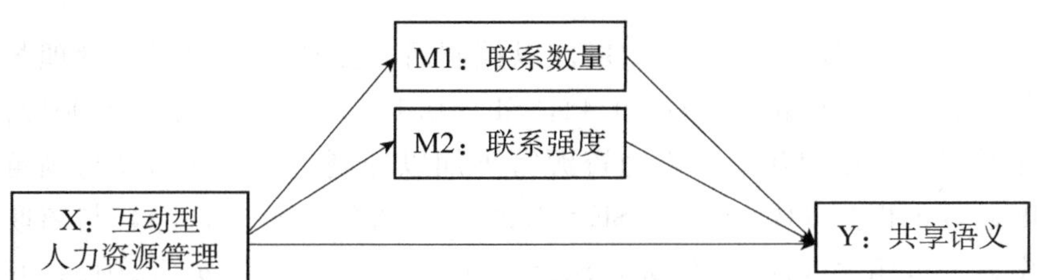

图4—2　自助检验模型4：社会网络对互动型人力资源管理与共享语义的中介作用

结果显示，在对控制变量加以控制后，互动型人力资源管理与联系强度（B=0.66，SE=0.15，$t=4.52$，$p<0.001$）和联系数量（B=0.61，SE=0.29，$t=2.11$，$p<0.05$）显著正相关；在对控制变量和互动型人力资源管理加以控制后，联系强度与共享语义显著

正相关（B=0.25，SE=0.10，t=2.59，p<0.05），但联系数量与共享语义不存在显著相关性（B=0.04，SE=0.05，t=0.86，p=0.39）；互动型人力资源管理通过联系强度对共享语义的间接影响是显著的（B=0.16，SE=0.08），95%水平上的置信区间为（0.04，0.36）；互动型人力资源管理通过联系数量对共享语义的间接影响不显著（B=0.03，SE=0.05），95%水平上的置信区间为（−0.03，0.36）；另外，互动型人力资源管理对共享语义依然有显著的直接影响（B=0.25，SE=0.12，t=2.10，p<0.05）。因此，与层级回归分析的结论一致，社会网络的联系强度是互动型人力资源管理和共享语义的部分中介。

其次，为验证假设 4.3 和假设 4.4，我们分别以员工满意度和离职率为因变量，以互动型人力资源管理为自变量，以共享语义为中介变量进行检验，如图 4—3 所示。

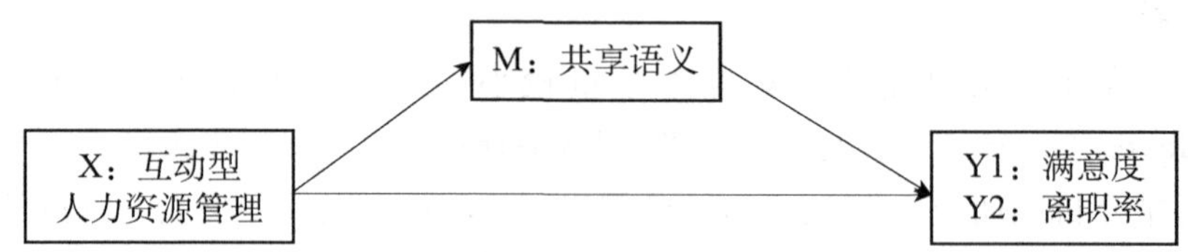

图 4—3　自助检验模型 4：共享语义对互动型人力资源管理与满意度和离职率的中介作用

结果表明，在对控制变量加以控制后，互动型人力资源管理与共享语义显著正相关（B=0.44，SE=0.11，t=3.88，p<0.001）；在对控制变量和互动型人力资源管理加以控制后，共享语义与满意度显著正相关（B=0.21，SE=0.09，t=2.24，p<0.05），与离职率显著负相关（B=−5.95，SE=1.80，t=−3.31，p<0.01）；互动型人力资源管理通过共享语义对满意度（B=0.08，SE=0.05）和离职率（B=−2.60，SE=0.94）的间接影响均为显著，95%水平上的置信区间分别为（0.01，0.23）和（−4.89，−1.10）；另外，互动型人力资源管理与满意度（B=0.20，SE=0.10，t=1.94，p=0.59）和离职率（B=−2.45，SE=1.91，t=−1.28，p=0.21）的直接影响均不显著。因此，与层级回归的结论一致，共享语义是互

动型人力资源管理和满意度以及离职率之间的完全中介变量。

最后，我们用双中介变量模型（见图 4—4），进一步验证各变量之间的相对关系。

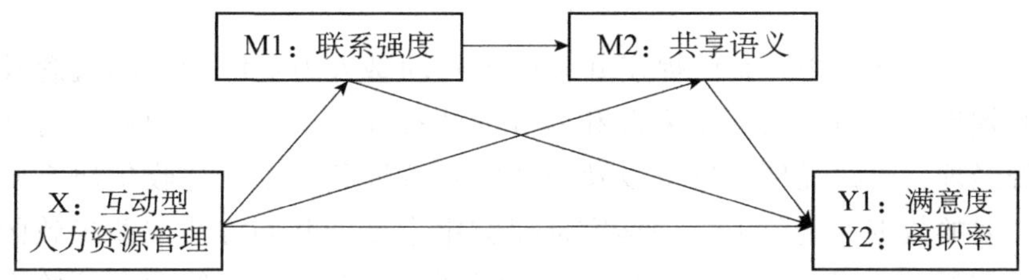

图 4—4　自助检验模型 6：社会网络和共享语义的双中介作用

分析结果如表 4—5 所示：互动型人力资源管理通过社会网络的联系强度和共享语义的双重中介机制间接影响员工的满意度（B＝0.03，SE＝0.03），95％水平上的置信区间为（0.001，0.16）；互动型人力资源管理通过社会网络的联系强度和共享语义的双重中介机制间接影响员工离职率（B＝－1.07，SE＝0.50），95％水平上的置信区间为（－2.63，－0.35）。因此，互动型人力资源管理通过影响人力资源经理的社会网络（联系强度）影响其与直线经理的共享语义，最终影响员工的满意度和离职率。

表 4—5　　　　自助检验模型 6 的双重中介模型检验结果

中介作用	Effect	SE	95％置信区间
互动型人力资源管理→联系强度→满意度	0.09	0.06	（－0.05，0.14）
互动型人力资源管理→联系强度→共享语义→满意度	0.03*	0.03	（0.001，0.16）
互动型人力资源管理→共享语义→满意度	0.04	0.04	（－0.02，0.15）
互动型人力资源管理→联系强度→离职率	－1.02	0.85	（－2.99，0.51）
互动型人力资源管理→联系强度→共享语义→离职率	－1.07*	0.50	（－2.63，－0.35）
互动型人力资源管理→共享语义→离职率	－1.26	0.85	（－3.22，0.03）

说明：* $p<0.05$。

4.5　本章结论与讨论

在本研究中，我们提出并检验了互动型人力资源管理的概念及其效果。本研究的数据来源和研究方法都非常严谨。我们从人力资源经理、直线经理、员工以及企业客观数据共四个来源收集研究所需要的数据，避免了管理学实证研究中常见的共同方法偏差导致的虚假相关。同时，我们综合运用层级回归和自助检验等中介检验方法，对假设的检验科学严谨。我们的分析结果表明，互动型人力资源管理发展了人力资源经理与直线经理之间的社会网络，而社会网络中双方的联系强度显著提高了直线经理和人力资源经理之间的共享语义，这种共享语义改善了员工对企业人力资源管理的感知和反馈，最终表现为员工满意度的提高和离职率的降低。本章的研究结论有着重要的理论贡献和实践价值。

首先，本研究提出了一个重要的管理概念，一种旨在加强人力资源经理和直线经理之间互动与合作的人力资源管理系统，从而拓宽了战略性人力资源管理的研究范围。以往战略性人力资源管理研究大多是检验一般性人力资源管理（如高绩效工作系统）在企业中的运作效果（Combs et al.，2006；Huselid，1995；Jiang et al.，2012）。近年来，战略性人力资源管理领域的学者呼吁要加强特定目标导向的人力资源管理研究（Jackson et al.，2014；Lepak et al.，2006）。尽管在管理实践中，人力资源经理和直线经理的互动越来越受到重视，但是，对于企业应该如何促进人力资源经理和直线经理之间的这种互动以及这种互动是否对员工和企业带来积极影响，目前非常缺乏实证研究的支持。本研究从实证上揭示了互动型人力资源管理对员工满意度和离职率的影响，这有助于从新的理论视角对战略性人力资源管理的作用机制做出解释，也为后续实证研究奠定了理论和实证基础。

其次，本研究把社会网络和共享语义这两个来自社会资本领域的重要概念整合到战略性人力资源管理研究框架中，这为战略性人力资源管理研究提供了新的理论视角。社会网络是社会资本的结构维度，是人们之间相互信任、合作和集体行动的基础（Nahapiet & Ghoshal，1998）。共享语义是社会资本的认知维度，代表了知识和信息能够被传播和理解并促使不同个体达成共识的情境基础（Levin et al.，2006；Nahapiet & Ghoshal，1998）。本章验证了“互动型人力资源管理→社会网络的联系强度→共享语义→员工满意度和离职率”这样的双重中介机制模型，揭示了人力资源经理和直线经理之间的社会资本对战略性人力资源管理机制的解释力，也揭示了社会资本对企业管理效能的推动作用。

最后，本研究对管理实践也具有重要的启示。企业的人力资源经理和直线经理共同参与人力资源管理，是发挥人力资源管理有效性的重要要求。本章的研究表明，二者的合作不应仅限于单纯的职能分工，而是要求彼此之间开展更多的互动与合作，进而促进双方共享语义的形成，使双方能够更好地相互理解并为彼此的工作提供支持，从而缩小人力资源规划与人力资源执行之间的鸿沟。更为重要的是，企业不能仅停留在对双方合作重要性的认识上，而是要通过具体的制度设计来推动人力资源经理和直线经理之间开展更多的互动与合作。比如，企业通过人员招聘、培训、轮岗等措施提高人力资源人员对企业业务的认识和理解，以及直线经理对人力资源管理的认识和理解，这将为彼此的互动与合作打下基础。其次，企业应提供必要的激励手段，通过绩效考核、奖金分配、职位晋升等机制，提高人力资源经理和直线经理彼此开展互动与合作的主动性。最后，企业还需要在组织层面提供更多的彼此互动的机会，比如通过在工作任务、工作流程和社交活动上的安排上增加彼此交流的渠道和平台。只有这样，企业才能更加主动地发展人力资源经理和直线经理之间的社会资本，从而为员工和组织带来积极的效果。

参考文献

[1] Adler，P. S.，& Kwon，S. W.，“Social capital：Prospects for a new concept，” *Academy of Management Review*，2002，27（1）：17－40.

[2] Appelbaum, E., Bailey, T., Berg, P., & Kalleberg, A., *Manufacturing advantage: Why high-performance work systems pay off*, Ithaca, LTR Press, 2000.

[3] Arrow, K. E., *The limits of organization*, New York, NY, Norton, 1974.

[4] Arthur, J. B., "Effects of human resource systems on manufacturing performance and turnover," *Academy of Management Journal*, 1994, 37: 670 - 687.

[5] Kuvaas, B., Dysvik, A., & Buch, R., "Antecedents and employee outcomes of line managers' perceptions of enabling HR practices," *Journal of Management Studies*, 2014, Vol. 51, Iss. 6: 845 - 868.

[6] Baron, R. M., & Kenny, D. A., "The moderator-mediator variable distinction in social psychological research: Conceptual, strategic, and statistical considerations," *Journal of personality and social psychology*, 1986, 51 (6): 1173 - 1182.

[7] Bartram, T., Stanton, P., Leggat, S., Casimir, G., & Fraser, B., "Lost in translation: Exploring the link between HRM and performance in healthcare," *Human Resource Management Journal*, 2007, Vol. 17: 21 - 41.

[8] Bos-Nehles, A. C., Van Riemsdijk, M. J., & Looise, J. K., "Employee perceptions of line management performance: Applying the AMO theory to explain the effectiveness of line managers' HRM implementation," *Human Resource Management*, 2013, 52 (6): 861 - 877.

[9] Bourdieu, P., *Handbook of theory and research for the sociology and education*, Greenwood Publishing Group, 1986.

[10] Bowen, D. E., & Ostroff, C., "Understanding HRM-firm performance linkages: The role of the 'strength' of the HRM system," *Academy of Management Review*, 2004, Vol. 29: 203 - 221.

[11] Bowler, M., & Brass, D. J., "A social network perspective on organizational citizenship behavior," *Academy of Management Best Conference Paper*, 2003, D1 - D6.

[12] Boxall, P., Purcell, J., & Wright, P., *The Oxford handbook of human resource management*, Oxford, Oxford University Press, 2007b.

[13] Brewster, C., & Larsen, H. H., *Human resource management in Northern Europe: Trends, dilemmas, and strategy*, Oxford, Blackwell,

2000.

[14] Brislin, R. W., *Applied cross-cultural psychology: An introduction*, in Brislin, R. W. (Ed.), *Applied cross-cultural psychology*, Newbury Park, CA, Sage, 1990.

[15] Chen, C. J., & Huang, J. W., "How organizational climate and structure affect knowledge management—The social interaction perspective," *International Journal of Information Management*, 2007, Vol. 27: 104-118.

[16] Chiu, C. M., Hsu, M. H., & Wang, E. T., "Understanding knowledge sharing in virtual communities: An integration of social capital and social cognitive theories," *Decision Support Systems*, 2006, Vol. 42: 1872-1888.

[17] Chua, A., "The influence of social interaction on knowledge creation," *Journal of Intellectual Capital*, 2002, Vol. 3: 375-392.

[18] Chuang, C. H., & Liao, H., "Strategic human resource management in service context: Taking care of business by taking care of employees and customers," *Personnel Psychology*, 2010, 63 (1): 153-196.

[19] Coleman, J. S., "Social capital in the creation of human capital," *American Journal of Sociology*, 1988, 94: 95-121.

[20] Collins, C. J., & Clark, K. D., "Strategic human resource practices, top management team social networks, and firm performance: The role of human resource practices in creating organizational competitive advantage," *Academy of Management Journal*, 2003, Vol. 46: 740-751.

[21] Collins, C. J., & Smith, K. G., "Knowledge exchange and combination: The role of human resource practices in the performance of high-technology firms," *Academy of Management Journal*, 2006, Vol. 49: 544-560.

[22] Combs, J. G., Liu, Y., Hall, A., & Ketchen, D. J., "How much do high-performance work practices matter? A meta-analysis of their effects on organizational performance," *Personnel Psychology*, 2006, 59: 501-528.

[23] Cremer, J., Garicano, L., & Prat, A., "Language and the theory of the firm," *Quarterly Journal of Economics*, 2007, Vol. 122: 373-407.

[24] Cropanzano, R., Rupp, D. E., & Byrne, Z. S., "The relationship of emotional exhaustion to work attitudes, job performance, and organizational citizenship behaviors," *Journal of Applied Psychology*, 2003, Vol. 88: 160.

[25] Cunningham, I., & Hyman, J., "Devolving human resource respon-

sibilities to the line: beginning of the end or a new beginning for personnel?" *Personnel Review*, 1999, Vol. 28: 9-27.

[26] Dany, F., Guedri, Z., & Hatt, F., "New insights into the link between HRM integration and organizational performance: The moderating role of influence distribution between HRM specialists and line managers," *International Journal of Human Resource Management*, 2008, Vol. 19: 2095-2112.

[27] Delaney, J. T., & Huselid, M. A., "The impact of human resource management practices on performance in for-profit and nonprofit organizations," *Academy of Management Journal*, 1996, 39: 949-969.

[28] Delmotte, J., De Winne, S., & Sels, L., "Toward an assessment of perceived HRM system strength: scale development and validation," *International Journal of Human Resource Management*, 2012, Vol. 23: 1481-1506.

[29] Dunlap, W. P., Burke, M. J., & Smith-Crowe, K., "Accurate tests of statistical significance for rWG and average deviation interrater agreement indexes," *Journal of Applied Psychology*, 2003, Vol 88 (2): 356-362.

[30] Edelman, L. F., Bresnen, M., Newell, S., Scarbrough, H., & Swan, J., "The benefits and pitfalls of social capital: Empirical evidence from two organizations in the United Kingdom," *British Journal of Management*, 2004, Vol. 15: 59-69.

[31] Eisenberger, R., Stinglhamber, F., Vandenberghe, C., Sucharski, I. L., & Rhoades, L., "Perceived supervisor support: Contributions to perceived organizational support and employee retention," *Journal of Applied Psychology*, 2002, Vol. 87: 565.

[32] Frenkel, S., Sanders, K., & Bednall, T., "Employee perceptions of management relations as influences on job satisfaction and quit intentions," *Asia Pacific Journal of Management*, 2013, Vol. 30: 7-29.

[33] Gilbert, C., De Winne, S., & Sels, L., "The influence of line managers and HR department on employees' affective commitment," *International Journal of Human Resource Management*, 2011, 22 (8): 1618-1637.

[34] Granovetter, M., *Problems of explanation in economic sociology*, in Nohria, N., & Eccles, R. G. (Eds.), *Networks and organizations: Structure, form and action*, Harvard Business School Press, 1992: 25-56.

[35] Granovetter, M. S., "The strength of weak ties," *American Journal of Sociology*, 1973, Vol. 78, Iss. 6: 1360-1380.

[36] Halbesleben, J. R., & Buckley, M. R., "Burnout in organizational life," *Journal of Management*, 2004, Vol. 30: 859-879.

[37] Hatzakis, T., Lycett, M., Macredie, R. D., & Martin, V. A., "Towards the development of a social capital approach to evaluating change management interventions," *European Journal of Information Systems*, 2005, Vol. 14: 60-74.

[38] Henderson, J. K., "Language diversity in international management teams," *International Studies of Management and Organization*, 2005, Vol. 35: 66-82.

[39] Huselid, M., "The impact of human resource management practices on turnover, productivity, and corporate financial performance," *Academy of Management Journal*, 1995, 38 (3): 635-672.

[40] Huselid, M., Jackson, S., & Schuler, R., "Technical and strategic human resource management effectiveness as determinants of firm performance," *Academy of Management Journal*, 1997, 40: 171-188..

[41] Huysman, M., & De Wit, D., "Practices of managing knowledge sharing: Towards a second wave of knowledge management," *Knowledge and Process Management*, 2004, Vol. 11: 81-92.

[42] Jackson, S. E., Schuler, R. S., & Jiang, K., "An aspirational framework for strategic human resource management," *Academy of Management Annals*, 2014, 8: 1-56.

[43] Jacobs, J., *The death and life of great American cities*, Random House Digital, Inc., 1961.

[44] James, L. R., "Aggregation bias in estimates of perceptual agreement," *Journal of Applied Psychology*, 1982, Vol. 67: 219.

[45] James, L. R., Demaree, R. G., & Wolf, G., "An assessment of within-group interrater agreement," *Journal of Applied Psychology*, 1993, Vol. 78: 306.

[46] Jiang, K., Lepak, D. P., Hu, J., & Baer, J. C., "How does human resource management influence organizational outcomes? A meta-analytic investigation of mediating mechanisms," *Academy of Management Journal*, 2012, 55: 1264-1294.

[47] Judge, T. A., Thoresen, C. J., Bono, J. E., & Patton, G. K., "The job satisfaction-job performance relationship: A qualitative and quantitative

review," *Psychological Bulletin*, 2001, Vol. 127: 376.

[48] Karahanna, E., & Preston, D. S., "The effect of social capital of the relationship between the CIO and top management team on firm performance," *Journal of Management Information Systems*, 2013, Vol. 30: 15-56.

[49] Keegan, A. E., Huemann, M., & Turner, J. R., "Beyond the line: Exploring the HR responsibilities of line managers, project managers and the HR department in four project-oriented companies in the Netherlands, Austria, the UK and the USA," *International Journal of Human Resource Management*, 2012, 23 (15): 3085-3104.

[50] Leana, C. R., & Van Buren, H. J., "Organizational social capital and employment practices," *Academy of Management Review*, 1999, Vol. 24: 538-555.

[51] Lee, R., "Social capital and business and management: Setting a research agenda," *International Journal of Management Reviews*, 2009, Vol. 11: 247-273.

[52] Lepak, D. P., Liao, H., Chung, Y., & Harden, E. E., "A conceptual review of human resource management systems in strategic human resource management research," *Research in Personnel and Human Resources Management*, 2006, 25: 217-271..

[53] Leung, K., Smith, P. B., Wang, Z., & Sun, H., "Job satisfaction in joint venture hotels in China: An organizational justice analysis," *Journal of International Business Studies*, 1996, Vol. 27: 947-962.

[54] Levin, D. Z., Whitener, E. M., & Cross, R., "Perceived trustworthiness of knowledge sources: The moderating impact of relationship length," *Journal of Applied Psychology*, 2006, Vol. 91: 1163.

[55] Macky, K., & Boxall, P., "High-involvement work processes, work intensification and employee well-being: A study of New Zealand worker experiences," *Asia Pacific Journal of Human Resources*, 2008, Vol. 46: 38-55.

[56] Lengnick-Hall, M. L., Lengnick-Hall, C. A., Andrade, L. S., & Drake, B., "Strategic human resource management: The evolution of the field," *Resource Management Review*, 2009, Vol. 19 (2): 64-85.

[57] Messersmith, J. G., Patel, P. C., & Lepak, D. P., "Unlocking the black box: Exploring the link between high-performance work systems and performance," *Journal of Applied Psychology*, 2011, 96 (6): 1105-1118.

[58] Nahapiet, J., & Ghoshal, S., "Social capital, intellectual capital and the creation of value in firms," *Academy of Management Proceedings*, 1997, Vol. 8: 35-39.

[59] Nahapiet, J., & Ghoshal, S., "Social capital, intellectual capital, and the organizational advantage," *Academy of Management Review*, 1998, 23 (2): 242-266.

[60] Nikandrou, I., & Papalexandris, N., "The impact of M&A experience on strategic HRM practices and organizational effectiveness: Evidence from Greek firms," *Human Resource Management Journal*, 2007, Vol. 17: 155-177.

[61] Nishii, L. H., Lepak, D. P., & Schneider, B., "Employee attributions of the 'why' of HR practices: Their effects on employee attitudes and behaviors, and customer satisfaction," *Personnel Psychology*, 2008, Vol. 61: 503-545.

[62] Pil, F. K., & Leana, C., "Applying organizational research to public school reform: The effects of teacher human and social capital on student performance," *Academy of Management Journal*, 2009, 52 (6): 1101-1124.

[63] Podsakoff, P. M., MacKenzie, S. B., Paine, J. B., & Bachrach, D. G., "Organizational citizenship behaviors: A critical review of the theoretical and empirical literature and suggestions for future research," *Journal of Management*, 2000, 26 (3): 513-563.

[64] Preacher, K. J., & Hayes, A. F., "Asymptotic and resampling strategies for assessing and comparing indirect effects in multiple mediator models," *Behavior Research Methods*, 2008, Vol. 40: 879-891.

[65] Purcell, J., *Understanding the people and performance link: Unlocking the black box*, CIPD Publishing, 2003.

[66] Purcell, J., & Hutchinson, S., "Front-line managers as agents in the HRM-performance causal chain: Theory, analysis and evidence," *Human Resource Management Journal*, 2007, Vol. 17: 3-20.

[67] Renwick, D., "Line manager involvement in HRM: An inside view," *Employee Relations*, 2003, Vol. 25: 262-280.

[68] Seongmin Ryu, & Sunghoon Kim, "First-line managers' HR involvement and HR effectiveness: The case of south korea," *Human Resource Management*, 2013, Vol. 52, Iss. 6: 947-966.

[69] Su, Z. X., & Wright, P. M., "The effective human resource man-

agement system in transitional China: A hybrid of commitment and control practices," *International Journal of Human Resource Management*, 2012, 23: 2065-2086.

[70] Sun, L. Y., Aryee, S., & Law, K. S., "High performance human resource management practices, citizenship behavior, and organizational performance: A relational perspective," *Academy of Management Journal*, 2007, 50 (3): 558-577.

[71] Szulanski, G., "Exploring internal stickiness: Impediments to the transfer of best practice within the firm," *Strategic Management Journal*, 1996, Vol. 17: 27-43.

[72] Takeuchi, R., Lepak, D. P., Wang, H. L., & Takeuchi, K., "An empirical examination of the mechanisms mediating between high performance work systems and the performance of Japanese organizations," *Journal of Applied Psychology*, 2007, 92 (4): 1069-1083.

[73] Triandis, H. C., "Cognitive similarity and communication in a dyad," *Human Relations*, 1960, 13: 175-183.

[74] Tsai, W., & Ghoshal, S., "Social capital and value creation: The role of intrafirm networks," *Academy of management Journal*, 1998, 41 (4): 464-476.

[75] Tsoukas, H., & Vladimirou, E., "What is organizational knowledge?" *Journal of Management Studies*, 2001, Vol. 38: 973-993.

[76] Whittaker, S., & Marchington, M., "Devolving HR responsibility to the line: Threat, opportunity or partnership?" *Employee Relations*, 2003, Vol. 25: 245-261.

[77] Wood, S., & Menezes, L., "High commitment management in the U. K.: Evidence from the workplace industrial relations survey, and employers' manpower and skills practices survey," *Human Relations*, 1998, 51 (4): 485.

[78] 牟小凡．基于社会资本视角的“人力资源经理—直线经理互动型”人力资源管理研究．北京：中国人民大学硕士研究生毕业论文，2015.

[79] 苏中兴．转型期中国企业的高绩效人力资源管理系统：一个本土化的实证研究．南开管理评论，2010 (4).

[80] 张徽燕，李端凤，姚秦．中国情境下高绩效工作系统与企业绩效关系的元分析．南开管理评论，2012 (3).

[81] 张一弛，李书玲．高绩效人力资源管理与企业绩效：战略实施能力的中介作用．管理世界，2008，20 (4).

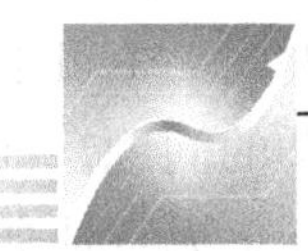

第5章 合作型人力资源管理、员工组织内社会网络与企业绩效

在前面几章的研究中，尽管我们已经呈现了诸多的研究内容和研究结论，比如检验了合作型人力资源管理对员工工作满意度、组织承诺、工作投入、离职意向、离职率等诸多变量的影响，但并没有检验合作型人力资源管理与企业最终财务绩效指标之间的关系。在战略性人力资源管理研究中，最具说服力的研究还是要检验某种类型的人力资源管理能否促进企业财务绩效的提升。因此，在本章中，我们的重点任务是检验合作型人力资源管理与企业财务绩效指标之间的关系。如果这种关系能够得到证明，那么合作型人力资源管理的价值才能真正得以实现并被企业界认可。

5.1 引 言

20世纪末期以来，企业的组织结构进入一个更加扁平化、更具灵活性的时代，它们大多以团队为导向并且更加依赖企业的知识资产。随着知识经济的到来，个人几乎不可能拥有足够的知识和信息来独自解决所面临的模糊、复杂的问题。即便是在组织结构清晰、上下级分明的企业，个体也会有意无意地通过各种各样的方式与他人发生互动联系，以便获得知识并分享信息。从组织资源视角和社会资本理论来看，员工在组织内所形成的这种人际关系网络是组织竞争优势的一种来源（Nahapiet & Ghoshal，1988），它可以促进知识的整合和传播，提高企业创新水平，而且对满足员工的人际需要、提高员工的工作满意度也存在积极的作用，这在本书前面几章的研究中也已得到证实。然而，对于企业是否能够通过这种社会网络真正提高财务绩效水平目前并没有实证研究。

在战略性人力资源管理研究领域，1995 年之后，出现了大量研究证明了人力资源管理系统与组织绩效之间的正相关关系（Boselie et al.，2005；Combs et al.，2006），尽管如此，战略性人力资源管理研究目前仍然存在一些明显的局限。

（1）现有研究对战略性人力资源管理的类型构建过于单一，主要集中在高承诺或高参与人力资源管理系统。事实上，人力资源管理存在多种构建类型，这种“一边倒”的情况限制了我们对其他可能带来高绩效的人力资源管理类型的认识。由于企业所处的行业、发展阶段、战略以及经营环境各不相同，除了高绩效工作系统，我们需要探索是否存在其他能够带来高绩效的人力资源管理模式（Guest，2011）。本书重点研究的合作型人力资源管理，是战略性人力资源的一种重要构型，它以投资于人际关系为特点，注重构建员工间良好的合作关系（Dyer，1996；Collins & Clark，2003），常用的管理实践包括以团队为基础的工作设计、强调合作成果的薪酬体系、以合作能力作为员工招聘和评价的重要标准、培训体系注重培养员工的团队精神与合作能力，以及促进员工之间交流的工作机制等。在员工之间的社会网络已经成为高科技企业竞争优势重要来源的今天，合作型人力资源管理最终能否带来更好的绩效是一个特别需要验证的问题。

（2）对于人力资源管理和企业绩效中介机制的研究，已有文献主要集中在两个主线。一条主线是把基于社会交换关系而产生的员工组织承诺、组织公民行为、工作满意度等个体积极的态度和行为变量作为中介变量（如 Chuang & Liao，2010；Messersmith，Patel & Lepak，2011；Sun，Aryee & Law，2007），另外一条主线则试图从人力资本的角度出发，解释人力资源管理系统对于提高员工知识、技术、能力的作用，进而影响企业绩效。然而，战略性人力资源管理领域现有的研究很少关注组织内社会网络在人力资源管理系统与企业绩效关系中的作用。值得注意的是，Collins & Clark（2003）在其一项针对高科技企业的研究中指出了人力资源管理系统如何通过高管的社会网络提高组织的绩效。实际上对于高科技企业来说，不仅是高管，员工在组织内部的社会网络同样非常重要，因为这种社会网络会影响企业内部的知识交换与创造，从而影响组织的生产率和绩效（Chen & Huang，2007；Hansen，Mors & Løvås，2005；Ingram & Roberts，2000；Reagans & McEvily，2003；Reagans & Zuckerman，2001；Smith，Collins & Clark，2005），也会通过满足员工的人际需求和社会交换的内容进而影响员工的情感和工作态度。因此，员工在组织内部的社会网络应该是人力资源管理与企业绩效之间的中介变量，然而已有研究却忽视了这个关键变量。

（3）已有研究不能解决人力资源管理和企业绩效之间的因果关系问题。从数据上看，目前包括发表在顶级期刊上的大多数研究都是采用横截面数据和企业绩效的主观测量方法。但是，横截面数据仅能说明人力资源管理系统与企业绩效之间的相关关系，并无法解决两者之间的因果关系（Guest，2011）。而对企业绩效的主观评价会带来严重的内生性问题（Wright，Gardner，Moynihan & Allen，2005；Wall & Wood，2005；Paauwe，2009），从而可能高估人力资源管理和企业绩效之间的相关性。而这一因果关系的解决需要依靠高质量的数据，不仅需要客观绩效数据，而且这个数据的获得要滞后于人力资源管理数据的获得。

（4）已有研究很少考虑到人力资源管理系统的建设成本问题。人力资源管理系统的建设同时会带来各种直接和间接的成本（Cappelli & Neumark，2001；Cooke，1994）。Luc Sels et al.（2006）的一项针对小企业的研究显示，尽管高绩效工作实践（HPWP）总体上可以带来生产率的提高，但同时也增加了劳动力成本。他们认为从经济学的角度来看，在研究人力资源管理系统与企业绩效的关系时，应该考虑人力资源管理所带来的成本，而这一点长期以来在战略性人力资源管理的实证研究中并没有得到充分的重视。已有的很多研究将生产率、人均销售额、销售额增长率、市场指标等直接作为组织绩效的测量指标，没有充分考虑到人力资源系统所带来的成本问题。一个企业可能因为人力资源的投入提高了劳动生产率或人均销售额，但是如果这种生产率的提高不能弥补人力资源投入的成本，对企业来讲就是没有意义的。因此，在实证研究中如何设计一个能够兼顾人力资源管理的投入产出指标以有效测量人力资源管理的效果至关重要。

为解决战略性人力资源管理已有研究存在的这些不足，也为了更加严格地检验合作型人力资源管理的效果，本章研究将采用纵向数据，验证合作型人力资源管理如何通过员工组织内社会网络最终影响企业的客观财务绩效。Collins & Smiths（2006）的研究指出，人力资源管理系统可以通过组织气氛影响企业知识的整合和创造，并最终影响企业的绩效水平。然而，他们忽视了知识整合和创造的前提是社会网络和社会资本。已有研究表明，社会网络能够促进知识的分享和创造（Chen & Huang，2007；Hansen et al.，2005；Reagans & Zuckerman，2001；Reagans & McEvily，2003；Smith，Collins & Clark，2005），因此可以提高个人绩效（Burt，1997；Coleman，1998）、团队绩效（Oh，Labianca & Chung，2006）以及组织整体绩效（Leana & Pil，2006）。另一方面，组织被认为是具有相对稳定交往模式的社会群体（Katz & Kahn，1966；Weick，1969），组织中的个人因为组织结构、工作任务、情感需求等原因自发或被动地与他人联系，进而在组织内形成一定的社会网络。社会网络能够让员工感受到来自同事的情感支持，可以提高员工的工作满意度，并降低离职意愿。

与高绩效工作系统主要投资于个人的人力资本不同，合作型人力资源管理系统注重的是人际关系的投资，强调团队合作的重要性。

尽管员工的人力资本有助于组织绩效的提高已经是公认的事实，但是大量的证据表明，企业若想保持稳定的竞争优势，人力资源管理系统同时必须对“合作”做出努力，以激发创新并提高经济效益（Lengnick-Hall & Lengnick-Hall，2003；Kase，Pauwe & Zupan，2009；Parise & Rollag，2010）。这种“努力”包括为员工提供进行交流互动的机会以促进社会网络的形成，为知识分享和信息交流创造环境以利于员工之间的合作（Hopp & Zenk，2012）。我们认为，组织可以通过合作型人力资源管理支持并帮助组织内社会网络的形成，从而提高企业的绩效。

和任何人力资源管理系统一样，合作型人力资源管理对员工的影响也不是直接的，而是通过组织气氛起作用的。合作气氛是一种鼓励员工之间进行合作的、被员工共享的组织规范（Wagner，1995），它为员工之间进行交流互动、形成网络提供了一个很好的组织环境。在一个充满合作氛围的环境下，员工更倾向于更频繁地、与更多的人接触，进而在组织内形成大范围的网络圈。

本章的研究模型如图 5—1 所示。合作型人力资源管理形成了组织合作气氛，从而推动了员工组织内社会网络的形成，而正是这种组织内社会网络能够提高企业的财务绩效。本章的模型既是对前面研究的整合，也是在之前研究的基础上再进一步深化研究内容和主题，并试图最终通过对企业财务绩效指标的检验来提升合作型人力资源管理的价值。

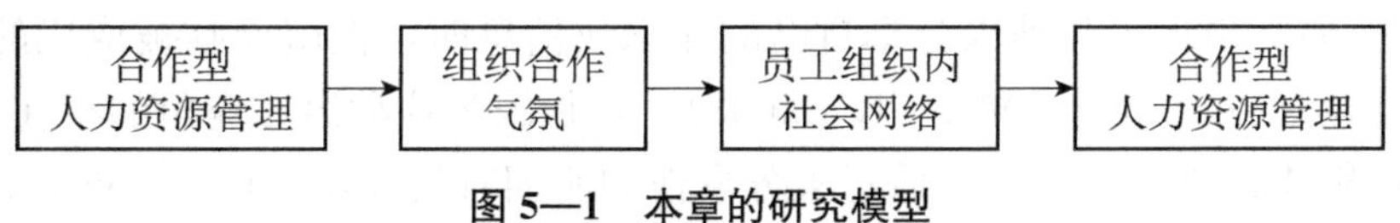

图 5—1　本章的研究模型

5.2　合作型人力资源管理、组织合作气氛与员工组织内社会网络

关于合作型人力资源管理对员工组织内社会网络的跨层面影响，

我们已经在第2章中进行了检验。出于保持研究模型的完整性考虑，本章我们再次在组织层面上检验合作型人力资源管理与员工组织内社会网络之间的关系。

我们认为，人力资源管理系统可以帮助组织形成特定气氛，即员工之间共享的认知和行为规范，它其实是在向员工发出一种信号，让员工认识到什么样的行为是被认可和鼓励的（Ferris et al.，1998；Ostroff & Bowen，2000），从而通过构建一个社会环境来引导员工特定行为的产生（Burke et al.，1992；Collins & Smith，2006；Ferris et al.，1998；Ostroff & Bowen，2000；Ostroff et al.，2003），因此环境或组织气氛在人力资源管理系统对员工行为的影响中起到了中介作用。

合作气氛其实就是员工之间所形成的一种社会价值环境。当组织中存在合作气氛时，员工更倾向于与他人进行互动和沟通，因为合作和内部交换是员工所共享的价值观和行为规范。这种共享的行为规范除直接影响个体之间的行为（Dore，1983；Granovetter，1985），还可以促进个体之间信任的产生，从而影响其交换行为。同时，社会网络内所共享的规范保证了社会网络中个体之间交易的公平（Liebeskind，et al.，1996），同一社会群体中的信任会随着交易在成员之间的反复而增加（Axelrod，1984；Kreps，1990）。合作气氛除了可以加强员工合作、进行知识分享的意愿，还可以通过减少组织内部竞争来促进员工间社会网络的形成（Collins & Smith，2006）。当员工与他人分享自己的知识或信息时，他就面临被取代的危险（Reagans & McEvily，2003）。正是因为这种潜在竞争的存在，高科技企业的员工并不愿意去分享他们所拥有的知识（Davenport & Prusak，1998）。合作气氛可以使员工更加注重团队目标，从而减少个体之间的竞争（Ingram & Roberts，2000），增加员工分享知识的意愿。

合作型人力资源管理招聘有合作精神和能力的员工，考核和奖励员工之间的团队合作，并且通过工作设计、轮岗等活动为员工之间的交流与合作提供更多的机会。因此，合作型人力资源管理的实施向员工发出一种组织鼓励、认可并期待员工之间合作行为的信号

(Bowen & Ostroff，2004)，因此可以帮助企业中的员工之间形成一种共享的合作气氛。这种合作气氛是一种强调团队，而非个人结果和目标的组织规范（Wagner，1995；Collins & Smith，2006)。在合作气氛中，员工不会担心自己的知识受到稀释，反而更倾向于与他人进行合作以完成团队或组织的目标。因此，在合作气氛中，员工会和更多的同事发生更加频繁和更加深入的联系。总结而言，我们认为合作型人力资源管理会促使组织内合作气氛的产生，而这种合作气氛对于促进员工之间社会网络的形成，以及社会网络内交换活动的产生都有着重要的作用。由此，我们提出假设 5.1。

假设 5.1：合作型人力资源管理通过合作气氛增强了员工组织内社会网络。

5.3　合作型人力资源管理、员工组织内社会网络与企业财务绩效

对于高科技企业而言，员工是最重要的竞争优势来源。IT 企业若想提高竞争力和绩效水平，一个重要途径就是强化与员工有关的、可供企业利用的资源。这种资源不仅包括员工个人的知识技能水平等人力资本，还包括员工之间的人际关系资源，即社会资本。社会资本是嵌入人际关系网络中，并且可供使用的知识和信息（Yount & Snell，1996)。不同于人力资本和组织资本（一个组织所拥有的流程、制度和规范)，社会资本取决于员工在沟通和交流中产生的知识分享、整合和积累。高科技企业在很大程度上依赖员工之间的互动、合作以及知识分享来达到经济目标。然而，在组织内实现这种知识分享和传播并不是那么容易的，掌握的特定知识和技能的知识型员工由于担心失去竞争力和特权地位，倾向于保持其知识的"垄断"地位，从而不愿与其他员工分享信息和知识（Hansen，1999)。因此，促进员工之间的知识分享和整合，是高科技企业获得竞争优势、提高绩效水平的必要手段。

本研究借助社会网络这一概念作为解决这一问题的思路。社会

网络是指个体之间相对稳定的社会联系系统（Barry & Berkowitz，1988），是一组社会关系或社会联系的总和。已有社会网络的研究中，有两种逻辑被用来解释社会网络对绩效的影响：联结主义（connectionist）和结构主义（structuarlist）。从联结主义的观点来看，社会网络中联结的个体之间可以相互提供有价值的信息来源，进而可以提高个人、团队或组织的绩效（Lin，2001）。信息理论认为，组织需要获得并使用信息来降低不确定性从而提高组织绩效（Galbraith，1973）。对于组织来说，社会网络可以作为其有效的信息来源，提高组织的学习能力（Powell，1990；Zucker，1991）。社会网络中个体之间的这些联系会对信息传播（Krackhardt & Hanson，1993）和组织学习（Fisher & White，2000）产生显著影响。Liebeskind et al.（1996）指出，无论是组织之间还是个体之间，社会网络都保证了知识的传播和整合。当员工之间相互联系时，组织内的知识和信息的传播才会更容易发生（Coleman，1990），并最终提高企业的绩效水平。大量研究表明，知识的获得、整合和传播发生在社会联系之中（Nahapiet & Ghoshal，1998；Kale，Singh & Perlmutter，2000；Kang，Morris & Snell，2007）。从诸多文献和研究结论可以看出，联结主义的观点主要是认为社会网络能够促进员工之间的信息、知识的传播和整合，进而促进组织学习和企业绩效的提高。

根据结构主义的观点，团队或组织内社会网络整体结构的拓扑特征，会对绩效产生一定的影响，如整体网络密度。网络密度越高，保证了信息在成员之间的共享，从而越利于团队或组织绩效的提升（Coleman，1990）。高密度的社会网络可以促进网络内信任的产生（Mehra et al.，2006），在这种情况下，员工倾向于不采取机会主义的行为（Granovetter，1985）。反过来，信任又有助于组织内人际交往和信息交换，增加员工与员工之间的沟通，促使个体之间的合作（Jones & George，1998；Misztal，1996；Putnam，1993；Tsai & Ghoshal，1998）。一般情况下，社会网络的规模越大，对信息的处理能力就越强（Burt，1982；Granovetter，1973）；强社会网络促进网络中的信任和互惠的发展（Krackhardt，1992），进而有利于成员

之间复杂信息的整合和传播（Hansen，1999）。通过对 224 家研发团队的调查，Zuckerman（2001）发现，团队中任何两个个体交流程度的平均水平与团队整体的生产效率正相关，即联系强度越高，越有利于社会网络中信息的获得、整合和传播。Chow & Chan（2008）通过对中国香港公司 190 个经理人进行调查研究显示，社会网络可以增加员工进行知识分享的意愿，进而促进员工的知识分享行为。因此，可以看出，无论是联结主义还是结构主义，实际上对社会网络作用的认知是一致的：社会网络能够有效提高员工之间的信息和知识的分享、创造和整合，从而提高企业的绩效水平。

企业的知识基础观更加明确地指出，知识是企业可持续竞争优势的最重要来源（Grant，1996；Kogut & Zander，1992；Felin & Hesterly，2007），认为高效的组织在于能够不断获取有价值的知识，并进行吸收和整合，最终创造新的知识。诸多研究表明，人与人之间的社会联系极大影响了这种知识管理过程（Kale，Singh & Perlmutter，2000；Nahapiet & Ghoshal，1998；Tsai & Ghoshal，1998），对知识管理甚至是战略管理具有十分重要的作用。

对知识型企业而言，价值创造取决于两类关键活动：（1）知识获取和分享活动，通过这些活动，企业中的不同员工能成为各自领域的专家，提高了知识活动的输入效率；（2）知识整合活动，企业这种组织的存在能够把不同领域的专业知识整合成为有用的产品和服务，提高了知识加工活动的输出效率（Grant，1996；Kogut & Zander，1992；Van Wijk，Jansen & Lyles，2008）。员工之间的社会网络可以看做组织提高知识生产的输入和输出效率的有效机制。之所以能够提高知识管理的输入效率，是因为社会网络的存在能够促进员工和同事之间分享隐性知识（Grant，1996；Kogut & Zander，1992；Kang et al.，2007；Nonaka & Takeuchi，1996；Spender，1996）。隐性知识和显性知识不同，它很难通过制度化的方式实现不同成员之间的转移，因此更多需要借助于人与人之间的社交互动来完成。Reinholt，Pedersen & Foss（2011）发现，和同事有着广泛和深入联系的那些员工在知识分享和获取上是最为成功的。Tortoriello et al.（2012）也发现，即便是处在不同部门或事业部的员工之间也愿意彼此之间分享有价值的知识。只要彼此之间有着较强的人际联系，或者只要他们拥有共同的朋友或联系人，就能发生这种知识分享。员工之间的社会网络能促进知识整合，从而显著提高知识的输出效率。知识整合不仅要求员工获得多方面的信息，而且要提高知识的利用效率（Dennis，1996；Reus & Liu，2004），以及人际关系的协调（Grant，1996；Lin & Chen，2006），因为知识的生产会涉及具有不同专业知识的各类员工之间的整合。当员工之间彼此联系时，他们之间有更多的机会和动力进行不同创意和信息的整合，从而提高了产品和服务创新的可能性（Adler & Kwon，2002；Gabbay & Zuckerman，1998；Tsai & Ghoshal，1998；Reagans & Zuckerman，2001；Smith，Collins & Clark，2005）。

员工之间的社会网络还能够降低组织内的交易成本和监督成本。社会网络为员工提供了以较低的成本就可以获得的有用信息和知识。信息和知识本质上是一种公共产品，具有外部效应（Coleman，1988），一个人对信息和知识的使用并不会产生排他性，只要存在网络，更多的人就可以获得和使用知识和信息。因此，社会网络和面对面交流互动降低了组织内部信息获取的交易成本（Dyer & Chu，2003）。社会网络还能降低委托代理成本（Estphal，1999），因为这种社会网络的存在使得员工之间有更多的彼此监督和长期交换，所以能够产生一种有效的监督机制，从而减少员工的机会主义行为（Leana & Van Buren，1999）和不道德行为（Brass，Butterfield & Skaggs，1998；Jones & Kavanagh，1996；Treviño & Victor，1992）。

从战略性人力资源管理的关系视角（relational perspective）来看，社会网络满足了员工人际关怀的需要，并且提供了更多的工作资源，因此会提高员工的组织承诺，降低员工的离职意向。当员工持有积极的工作态度、工作满意度较高时，更倾向于表现出组织公民行为（Bolino，Turnley & Bloodgood，2002），从而有助于组织整体的运行（Bateman & Organ，1983；Organ，1988）和企业绩效的改善。尤其对知识型员工而言，与同事之间的联结甚至比与组织的联结更加重要（Dess & Shaw，2001）。在本书前面几章的研究中，我们已经论证并检验了员工组织内社会网络能够带来更加积极的态度和行为，比如，更高的工作满意度、组织承诺、工作投入和更低的离职倾向。同时，社会网络还带来了更多的员工创新行为。而员工的这些态度和行为的改变被认为是能够直接影响企业财务绩效的。

本书还认为，在中国情境下，员工之间的社会网络甚至发挥了更加重要的作用。有关研究表明，关系在中国社会的交换关系中起到了重要作用（Park & Luo，2001）。当员工遇到问题和需要寻求帮助时，首先想到的并不是组织的正式制度和流程，而是向自己的关系网络求助。同样的道理，如果如果员工之间没有建立社会网络和关系，员工是不会轻易把自己掌握的信息和知识与他人分享的。只有通过关系网络的构建让彼此成为圈里人而不是圈外人，各种知识交流和整合才会更好地发生。从这个角度来说，在中国的企业中，员工发展个人的社会网络是一个非常重要的事情，因为很多事情即便是工作中的履职也需要有人际关系才能更有效率地完成。中国人讲的“公事私办”实际上就是这个意思。

总结而言，员工在组织内部的社会网络可以影响知识的交换与创新，并最终影响组织的绩效水平（Chen & Huang，2007；Hansen，Mors & Løvås，2005；Ingram & Roberts，2000；Reagans & McEvily，2003；Reagans & Zuckerman，2001；Smith，Collins & Clark，2005）。同时，社会网络满足了员工人际情感的需求，提高了员工从社会交换关系中获得的回报，因此员工会表现出更高的满意度和组织承诺。而无论是知识交换与整理，还是改善的工作态度和行为，抑或是监督成本和交易成本的降低，都能够帮助企业获得更好的绩效。合作型人力资源管理的价值就在于它能够有效引导并促进组织内部员工之间社会网络的形成。尽管已经有一些研究证明了人力资本、组织承诺或组织公民行为等变量在人力资源管理和企业财务绩效之间的中介作用。但是具体到本书提出的合作型人力资源管理，我们认为这种人力资源管理系统能够提升企业财务绩效的关键在于员工组织内社会网络的形成。

综上所述，我们提出假设 5.2 和假设 5.3。

假设 5.2：员工组织内社会网络和企业财务绩效显著正相关。

假设 5.3：员工组织内社会网络对合作型人力资源管理和企业财务绩效的关系起到了中介作用。

5.4 研究方法与实证结果

5.4.1 样本与数据

本章的研究样本与数据同样来自 2011 年对中关村 IT 企业所做的调查，具体的样本描述详见第 2 章内容。为了做到数据的多来源以及尽可能降低同源数据的误差，我们分别从以下来源收集数据：(1) 合作型人力资源管理的数据来自人力资源经理和直线经理所填的问卷；(2) 组织的合作气氛和员工组织内社会网络的数据来自员工所填的问卷，并经检验后聚合到组织层面；(3) 企业的客观财务绩效数据来自中关村管委会的数据库，数据年份比我们获得企业人力资源管理数据的时间点滞后了 1 年多，满足了纵向研究的要求；(4) 企业绩效的主观数据来自高层经理所填的问卷，是和人力资源数据在同一时点获得的，在这里我们把它作为控制变量，以增加本研究设计的严谨性。

5.4.2 测　量

1. 合作型人力资源管理

合作型人力资源管理的具体测量详见第 3 章研究所使用的量表。

2. 合作气氛

组织合作气氛的量表来自 Chatman & Flynn (2001) 的研究，共 4 道题，包括“保持公司内部的和谐对员工而言非常重要”、“我们公司的员工愿意为组织利益牺牲自身利益”等。问卷采用了利克特 5 级量表，1 代表“非常不同意”，5 代表“非常同意”。本次测量的 α 系数为 0.727。四个条目呈现清晰的单因子结果，如表 5—1 所示。

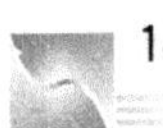

表 5—1　　合作气氛的因子分析结果

问卷题目	因子载荷
我们公司的员工愿意为组织利益牺牲自身利益	0.846
我们公司的员工之间存在高度的分享意识	0.894
我们公司的员工之间存在高度的合作	0.854
保持公司内部的和谐对员工而言非常重要	0.556

由于组织合作气氛是组织层面的概念，我们需要把个体层面的数据聚合到组织层面。统计表明，员工回答的组织合作气氛的 R_{wg} 平均值为 0.82，超过了 0.70 的可接受标准。因此，每个企业内部的个体数据的平均值可以作为组织层面合作气氛的测量值。

3. 员工组织内社会网络

员工组织内社会网络的量表共包含 3 道题。联系数量用一道题来测量，即“在公司内部，你经常讨论专业知识或交流技术信息的同事有几个?”，选项得分从 1 到 7，1 代表“0 个”，2 代表“1 个”，3 代表“2 个”，4 代表“3 个”，5 代表“4 个”，6 代表“5 个”，7 代表“6 个及以上”。联系频率用一道题来测量，即“在过去的一个月里，你和这些同事讨论专业知识或交流技术信息的次数大致是多少?”，选项得分从 1 到 5，其中 1 代表“0～5 次”，2 代表“6～10 次”，3 代表“11～15 次”，4 代表“16～20 次”，5 代表“21 次及以上”。联系深度用一道题来测量，即“总体来说，你觉得你和同事讨论专业知识或交流技术信息的深度如何?”，选项得分从 1 到 5，1 代表“很不深入”，2 代表“不太深入”，3 代表“一般”，4 代表“比较深入”，5 代表“非常深入”。参考以往的研究，我们把联系频率和联系深度的平均值作为社会网络的联系强度来对待（Collins & Clark，2003；Pil & Leana，2009）。但是，我们发现联系数量和联系强度存在非常显著的相关性（$\gamma=0.536$，$p<0.001$），探索性因子分析也呈现比较清晰的单因子结构，解释了 68.27%的变异量。因此，在把联系数量的得分进行五级分数转化后，我们取联系数量和联系强度的平均值作为员工组织内社会网络的最终得分，不再区分联系数量和联系强度两个变量。本次测量的 α 系数是 0.727。ICC（1）是 0.07，ICC（2）是 0.63，符合聚合到组织层面的标准（Klein & Kozlowski，2000）。

4. 企业绩效

在以往人力资源管理系统与组织绩效关系的相关研究中，组织绩效的测量通常采用两种形式：作业性绩效指标和财务绩效指标。作业性绩效指标主要包括员工离职率（Arthur，1994；Huselid，1995；Sivasubramaniam & Venkataratnam，1998）、生产率（MacDuffie & Krafcik，1992；Arthur，1994；Huselid，1995；Youndt et al.，1996；Hoque，1999）、质量（MacDuffie & Krafcik，1992；Hoque，1999；Harel & Tzafrir，1999；Khatri，2000）、销售额（Lau & May，1998；Harel & Tzafrir，1999）。常用的财务绩效指标主要包括利润（Huselid，1995；Delery & Doty，1996；Lau & May，1998；Khatri，2000）、投资回报率（Sivasubramanyam & Venkataratnam，1998）以及市场价值（Lau & May，1998；Harel & Tzafrir，1999；Becker & Huselid，1998；Welbourne & Andrews，1996）。Cappelli & Nemark（2001）的研究中建议，在选择组织绩效指标时需要同时考虑收益和成本。因此，与以往研究采用的绩效指标不同，我们在企业利润数据的基础上，结合人力资源成本数据，形成一种新的财务绩效测量指标——有效净利润/薪酬总额（profit/payroll）。对于知识密集型企业来说，薪酬总额既是人力资源的最主要成本，也是企业在生产过程中最主要的人工成本组成。对制造企业而言，除人工成本之外还有原材料成本、机器折旧成本等重要的生产成本。但是，对本研究中的IT企业而言，产品的主要成本就是人工成本，而人工成本中最主要部分就是薪酬总额。企业其他一些人力资源相关的费用，如培训总费用、福利总费用等往往也是以薪酬总额为基础通过一定的比例来确定的。因此，这个指标能够比较准确地测量企业人力资源投入和产出的比例。

5. 控制变量

本章的研究和统计分析是在组织层面上进行的，并不涉及个体层面的变量。参考之前学者的研究（Takeuchi et al.，2007），我们将企业存续年限与企业规模作为控制变量加入回归方程式中。一般来说，企业存续年限与企业所处的发展阶段有关，而不同发展阶段的企业对于相同的人力资源管理系统会有不同的反应；企业存续年限也有可能会对组织气氛造成一定的影响。企业规模主要是指企业所拥有员工数量的对数，这会直接影响员工间社会网络的规模和强度。另外，我们把调查时获得的企业绩效的主观评价数据也作为控制变量来对待，这有助于控制以前的绩效惯性对后来绩效的干扰作用。

5.4.3　实证结果

表 5—2 显示了所有变量的均值、标准差以及简单相关系数。合作型人力资源管理与组织合作气氛、员工组织内社会网络和财务绩效之间均显著正相关。

我们采用普通最小二乘回归分析的方法来验证我们的假设。表 5—3 中模型 2 的回归结果显示，当我们控制了企业年龄与企业规模后，员工组织内社会网络与组织绩效显著相关（$\beta=0.42$，$p<0.01$），R^2 提高了 16%。研究结果表明，员工组织内社会网络与企业财务绩效之间显著正相关。这个统计结果揭示了社会资本对企业成长的重要性。

为了验证员工组织内社会网络在人力资源管理系统与企业财务绩效关系中的中介作用，我们采用了 Baron & Kenny（1986）提出的三个步骤：第一步，我们首先检验了合作型人力资源管理与企业财务绩效之间的关系，如模型 3 所示，合作型人力资源管理与企业财务绩效指标有显著的正相关（$\beta=0.32$，$p<0.05$），R^2 提高了 9%。由于我们采用的数据是纵向数据，这样的结果符合本章的因果关系推断，即合作型人力资源管理可以促进企业财务绩效的提高。第二步，如模型 6 所示，当社会网络变量作为因变量时，我们发现合作型人力资源管理与社会网络显著正相关（$\beta=0.38$，$p<0.05$），ΔR^2 等于 20%，说明合作型人力资源管理能够提高员工组织内社会网络。第三步，我们在模型 3 的基础上，将员工组织内社会网络加入回归方程式中，以检验合作型人力资源管理和企业财务绩效关系的变化。如模型 4 所示，结果表明，合作型人力资源管理与企业财

表 5—2　各变量的均值、标准差和简单相关系数

变量	均值	标准差	1	2	3	4	5	6	7
所有制形式	0.80	0.45							
企业规模	634.87	745.71	0.43**						
企业存续年限	11.85	7.17	0.04	0.39**					
过去绩效	4.98	1.23	0.26	0.25	−0.16				
合作型人力资源管理	3.37	0.51	0.08	−0.07	−0.18	0.41**			
社会网络	3.51	0.51	0.21	0.16	0.02	0.04	0.38**		
合作气氛	3.71	0.40	−0.11	−0.15	0.00	0.00	0.30*	0.45**	
ROP	0.35	0.86	0.15	−0.16	−0.15	0.15	0.33*	0.46**	0.22

说明：** $p<0.01$，* $p<0.05$。

表 5—3　　**回归分析结果**

	M1 ROP	M2 ROP	M3 ROP	M4 ROP	M5 社会网络	M6 社会网络	M7 社会网络	M8 合作气氛
(Constant)								
所有制形式	0.29	0.19	0.28	0.21	0.26	0.27	0.28	−0.13
企业存续年限	−0.06	−0.04	−0.04	−0.03	−0.05	−0.03	−0.06	0.07
企业规模[a]	−0.22	−0.26	−0.18	−0.24	0.10	0.13	0.14	−0.01
过去绩效	0.09	0.12	−0.04	0.04	−0.07	−0.26	−0.16	−0.14
合作型人力资源管理			0.32*	0.18		0.38*	0.16	0.46**
社会网络		0.42**		0.36*				
合作气氛							0.46**	
调整的 R^2		0.16**	0.09**	0.10**		0.12**	0.17**	
ΔR^2	0.12	0.28	0.21	0.31	0.08	0.20	0.37	0.19
F	1.68	3.63	2.42	3.33	1.05	2.31	4.43	2.22

说明：** $p<0.01$，* $p<0.05$。a. Logarithm。

务绩效的正相关关系由显著变成了不显著（$\beta=0.18$，$p>0.1$），而员工组织内社会网络与企业财务绩效显著正相关（$\beta=0.36$，$p<0.05$），模型 4 的 R^2 比模型 3 提高了 10%。由此，说明员工组织内社会网络在合作型人力资源管理与企业财务绩效之间起到了中介作用。同样，表 5—3 的模型 5 到模型 8 表明，组织合作气氛在合作型人力资源管理与社会网络之间起到了中介作用。

5.4 本章结论与讨论

进入 21 世纪以来，企业的生产和价值创造大多以团队为导向并且更加依赖企业的知识资产。作为组织社会资本的主要形式，员工组织内社会网络既影响员工之间的知识交换与创造，也会通过满足员工的人际需要而带来更加积极的工作态度和行为，因此是企业在知识经济时代可持续竞争优势的重要来源。然而，目前战略性人力资源管理领域的研究很少关注合作型人力资源管理以及员工组织内社会网络对企业绩效的重要影响。在本章中，我们利用来自 IT 企业的多层面纵向数据，在组织层面上检验了合作型人力资源管理、组织合作气氛、员工组织内社会网络和企业财务绩效之间的关系。研究结果表明，合作型人力资源管理和员工组织内社会网络对 1 年后的企业财务绩效有着显著的积极影响；合作型人力资源管理通过影响员工组织内社会网络进而影响企业的财务绩效；组织合作气氛对合作型人力资源管理和员工组织内社会网络的关系起到了部分中介作用。

本章研究的贡献主要在于以下方面：

首先，本章从社会网络的角度，探索了人力资源管理与组织绩效关系的“黑箱”问题，极大拓展了我们对战略性人力资源管理机制的理论认识。已有文献大多从人力资本的角度解释人力资源管理对组织绩效的作用机制，或者是从社会交换和关系视角出发认为人力资源管理通过引导员工积极的工作态度和行为，进而提高组织绩效。然而，已有研究对企业核心竞争力的另一重要来源——社会资本，却鲜有涉猎，这种现状极大制约了我们对战略性人力资源管理机制的理解。事实上，无论是人力资本还是员工积极的工作态度和行为，都离不开员工组织内社会网络这一关键变量。尤其对高科技企业来说，知识的整合和创新是其竞争优势的主要来源。而对知识型员工而言，和同事之间的关系甚至比和雇主之间的关系更加重要。知识的交换、整合和创新是在员工之间的互动、沟通与合作的基础上完成的，这就需要借助于员工组织内社会网络。同时，这种社会网络因为满足了员工的人际关系需求和拓展了社会交换的内容，进而能够带来员工更为积极的工作态度和行为。本章的研究结果揭示，对高科技企业而言，人力资源管理正是通过形成员工组织内社会网络带来了企业财务绩效的提高。总结而言，该研究结果从社会资本的视角揭示了战略性人力资源管理和企业绩效之间的作用机制，对战略性人力资源管理领域具有重要的理论贡献。

其次，本研究拓展了战略性人力资源管理的内容和类型，突出了知识经济时代人力资源管理的发展趋势。以往战略性人力资源管理的实证研究过于集中在高承诺或高参与工作系统，忽略了其他战略性人力资源管理类型的研究。实际上，一些学者指出，与大量研究支持高承诺工作系统对组织绩效的作用相比，真正使用高承诺工作系统的企业并不多（Wright，Gardner，Moynihan & Allen，2005；Paauwe，2009）。本章提出了一种团队导向的、致力于员工之间合作的人力资源管理系统，并证明这种合作型人力资源管理可以促进员工对合作气氛的感知，形成广泛的组织内社会网络，并最终通过社会网络显著影响企业的财务绩效。对于高科技企业来说，通过社会网络促进员工之间整体的信息交换与资源分享，是提高企业创新能力并最终获得竞争优势的重要途径。本章的研究内容和结论将有助于更多的学者关注不同的人力资源管理类型对企业竞争力的影响，关注人力资源管理对“员工—员工”之间关系的影响，而不仅仅是关注“员工—企业”关系的影响。随着知识经济时代的到来，这种合作型人力资源管理应该更加能够适应企业的管理需要。

再次，本章研究另一个突出的优点是采用纵向数据检验了人力资源管理系统与组织绩效之间的因果关系。尽管已有大量的实证研究检验了战略性人力资源管理和企业绩效之间的关系，但是已有研究在因果关系上的证据链条并不严谨，学者们普遍认为战略性人力资源管理和企业绩效之间的因果关系还没有得到解决。针对不少学者提出的人力资源管理—组织绩效之间因果关系的质疑（Wright, Gardner, Moynihan & Allen, 2005; Wall & Wood, 2005; Paauwe, 2009），本章研究在数据收集上不同于以往研究中大量使用的横截面数据，先后在两个不同的时点（之间相距 16 个月），分别对人力资源管理系统和组织绩效的数据进行了收集。另外，本章采用了多来源收集数据的方式：人力资源管理系统数据是由人力资源经理和直线经理回答；合作气氛与组织内社会网络的数据来源于员工的回答并聚合到组织层面；作为控制变量的 T1 时点的企业绩效数据由企业的高管团队来回答，作为因变量的 T2 时点的企业绩效数据采用客观的财务数据。本研究的设计和高质量的数据在很大程度上缓解了该领域研究普遍存在的内生性问题，有效证明了合作型人力资源管理和组织绩效之间的因果关系。

最后，本章使用 ROP 作为组织绩效的测量指标，更加准确考虑了人力资源管理的投资回报问题。Cappell & Neumark (2001) 建议，在选择绩效指标时应同时考虑成本和收益，而已有的研究却很少同时顾及这两个方面。员工的薪酬总额是高科技企业人力资源的主要成本投入，也是企业生产成本的主要部分。因此，本章采用 ROP 作为衡量组织层面的战略性人力资源管理绩效的指标，丰富了组织绩效的测量体系，能更准确地揭示人力资源管理系统给组织绩效带来的实际影响，可以清楚地看出企业在人力资源管理上的投入回报率。

本章的研究结论对于企业管理实践有着重要的启示。人力资源管理系统作为企业管理员工的重要手段，是企业获得可持续竞争优势的重要来源。我们的研究结果给企业带来的启示是：高科技企业应该构建一种注重团队合作与人际社会网络的人力资源管理系统，这种合作型人力资源管理所形成的员工组织内社会网络，是企业获得高绩效和可持续竞争优势的关键资源。因为这种组织内社会网络不但能促进员工之间的知识分享、整合与创造，还可以带来更加积极的员工工作态度和行为，比如工作满意度和组织承诺的提高以及离职意向的下降。更为重要的是，和投资于员工个人的人力资本管理实践不同，社会网络作为一种深度嵌入组织中的资源，不会因为个别员工的离开而消失，这一点对于面临极高员工离职率的 IT 企业来说，是保证投资回报、维持竞争优势的重要手段。因此，对于企业，尤其是知识密集型的高科技企业来说，人力资源管理的关键就是要形成和管理员工的组织内社会网络资源，因而在制度设计上需要关注员工的合作能力、合作动机和合作机会的塑造。

本研究仍然存在一些局限和不足。首先，多层面多来源的严谨设计导致最后符合要求的样本数量相对偏少。尽管我们在单一的 IT 行业开展研究，这本身降低了对样本量的要求，但是未来研究仍然需要在不同行业中开展更大样本的调查和研究。第二，本章探索性地给出了合作型人力资源管理的测量，但是未来研究仍然需要再次检验该量表的信度和效度，尤其是量表中是否已经涵盖了企业中合作型人力资源管理的主要实践。第三，我们在理论论证中指出，员工组织内社会网络可以增加知识的传播和整合，尽管我们检验了社会网络对员工的工作满意度、组织承诺、离职意向、工作投入、创新行为等变量的影响，但是我们还没有检验社会网络对知识的传播和整合的影响。尽管存在以上不足，但是本研究从员工间社会网络的视角检验了合作型人力资源管理和企业的财务绩效指标之间的因果关系及其中介机制，这对战略性人力资源管理研究具有较为重要的理论价值，而且必将引起更多学者和管理实践人士的关注。

参考文献

[1] Adler, P. S., & Kwon, S. W., "Social capital: Prospects for a new concept," *Academy of Management Review*, 2002, 27 (1): 17-40.

[2] Arthur, J. B., "Effects of human resource systems on manufacturing performance and turnover," *Academy of Management Journal*, 1994, 37: 670-687.

[3] Baron, R. M., & Kenny, D. A., "The moderator-mediator variable distinction in social psychological research: Conceptual, strategic, and statistical

considerations," *Journal of Personality and Social Psychology*, 1986, 51 (6): 1173-1182.

[4] Barry, W., & Berkowitz, S. D., *Social structures: A network approach*, Cambridge, Cambridge University Press, 1988.

[5] Becker, B. E., & Huselid, M. A., "High performance work systems and firm performance: Asynthesis of research and managerial implications," *Research in Personnel and Human Resources Management*, 1998, 16: 53-101.

[6] Bliese, P. D., *Within-group agreement, non-independence, and reliability: Implications for data aggregation and analysis*, in Klein, K. J. & Kozlowski, S. W. J. (Eds.), *Multilevel theory, research, and methods in organizations: Foundations, extensions, and new directions*, San Francisco, Jossey-Bass, 2000: 349-381.

[7] Bolino, M. C., Turnley, W. H., & Bloodgood, J. M., "Citizenship behavior and the creation of social capital in organizations," *Academy of Management Review*, 2002, 27 (4): 505-522.

[8] Boselie, P., Dietz, G., & Boon, C., "Commonalities and contradictions in HRM and performance research," *Human Resource Management Journal*, 2005, 15 (3): 67-94.

[9] Bowen, D. E., & Ostroff, C., "Understanding HRM-firm performance linkages: The role of the 'strength' of the HRM system," *Academy of Management Review*, 2004, 29 (2): 203-221.

[10] Brass, D. J., Butterfield, K. D., & Skaggs, B. C., "Relationships and unethical behavior: A social network perspective," *Academy of Management Review*, 1998, 23: 14-31.

[11] Burke, M. J., Borucki, C. C., & Hurley, A. E., "Reconceptualizing psychological climate in a retail service environment: A multiple-stakeholder perspective," *Journal of Applied Psychology*, 1992, 77 (5): 717.

[12] Burt, R. S., "The contingent value of social capital," *Administrative Science Quarterly*, 1997, 42 (2): 339-365.

[13] Burt, R. S., *Toward a structural theory of action*, New York, Academic Press, 1982.

[14] Cappelli, P., & Neumark, D., "Do 'High-Performance' work practices improve establishment-level outcomes?" *Industrial and Labor Relations Review*, 2001, 54 (4): 737-775.

[15] Chen, C. J., & Huang, J. W., "How organizational climate and structure affect knowledge management—The social interaction perspective," *International Journal of Information Management*, 2007, Vol. 27: 104 - 118.

[16] Chow, W. S., & Chan, L. S., "Social network, social trust and shared goals in organizational knowledge sharing," *Information & Management*, 2008, 45 (7): 458 - 465.

[17] Chuang, C. H., & Liao, H., "Strategic human resource management in service context: Taking care of business by taking care of employees and customers," *Personnel Psychology*, 2010, 63 (1): 153 - 196.

[18] Coleman, J., *Foundations of social theory*, Cambridge, Mass, Harvard University Press, 1990.

[19] Coleman, J. S., "Social capital in the creation of human capital," *American Journal of Sociology*, 1988, 94: 95 - 121.

[20] Collins, C. J., & Clark, K. D., "Strategic human resource practices, top management team social networks, and firm performance: The role of human resource practices in creating organizational competitive advantage," *Academy of Management Journal*, 2003, 46 (6): 740 - 751.

[21] Collins, C. J., & Smith, K. G., "Knowledge exchange and combination: The role of human resource practices in the performance of high-technology firms," *Academy of Management Journal*, 2006, 49 (3): 544 - 560.

[22] Combs, J. G., Liu, Y., Hall, A., & Ketchen, D. J., "How much do high-performance work practices matter? A meta-analysis of their effects on organizational performance," *Personnel Psychology*, 2006, 59: 501 - 528.

[23] Cooke, W., "Employee participation programs, group-based incentives, and Company performance: A union-nonunion comparison," *Industrial and Labor Relations Review*, 1994, 47: 594 - 609.

[24] Davenport, T. H., & Prusak, L., *Working knowledge: Managing what your organization knows*, Boston, MA, Harvard Business School Press, 1998.

[25] Delery, J. E., & Doty, H. D., "Modes of theorizing in strategic human resource management: Tests of universalistic, contingency, and configurational performance prediction," *Academy of Management Journal*, 1996, 39 (4): 802 - 835.

[26] Dennis, A. R., "Information exchange and use in group decision mak-

ing: You can lead a group to information but you can't make it think," *MIS Quarterly*, 1996, 20 (4): 433-455..

[27] Dess, G. G., & Shaw, J. D., "Voluntary turnover, social capital, and organizational performance," *Academy of Management Review*, 2001, 26 (3): 446-456.

[28] Dore, R., "Goodwill and the spirit of market capitalism," *British Journal of Sociology*, 1983, Vol. 34, No. 4: 459-482.

[29] Dyer, J. H., & Chu, W., "The role of trustworthiness in reducing transaction costs and improving performance: Empirical evidence from the United States, Japan, and Korea," *Organization Science*, 2003, 14: 57-68.

[30] Dyer, J. H., "Does governance matter? Keiretsu alliances and asset specificity as sources of Japanese competitive advantage," *Organization Science*, 1996, 7 (6): 649-666.

[31] Evans, W. R., & Davis, W. D., "High-performance work systems and organizational performance: The mediating role of internal social structure," *Journal of Management*, 2005, 31 (5): 758-775.

[32] Feeley, T. H., Hwang, J., & Barnett, G. A., "Predicting employee turnover from friendship networks," *Journal of Applied Communication Research*, 2008, 36 (1): 56-73.

[33] Felin, T., & Hesterly, W., "The knowledge-based view, nested heterogeneity, and new value creation: Philosophical considerations on the locus of knowledge," *Academy of Management Review*, 2007, 32: 195-218.

[34] Ferris, G. R., Arthur, M. M., Berkson, H. M., Kaplan, D. M., Harrell-Cook, G., & Frink, D. D., "Toward a social context theory of the human resource management-organization effectiveness relationship," *Human Resource Management Review*, 1998, 8 (3): 235-264.

[35] Fisher, S. R., & White, M. A., "Downsizing in a learning organization: Are there hidden costs?" *Academy of Management Review*, 2000, 25 (1): 244-251.

[36] Gabbay, S. M., & Zuckerman, E. W., "Social capital and opportunity in corporate R&D: The contingent effect of contact density on mobility expectations," *Social Science Research*, 1998, 27 (2): 189-217.

[37] Galbraith, J. R., *Designing complex organizations*, Addison-Wesley Publishing Company, 1973.

[38] Grant, R. M., "Toward a knowledge-based theory of the firm," *Strategic Management Journal*, 1996, 17: 109 - 122.

[39] Guest, D. E., "Human resource management and performance: Still searching for some answers," *Human Resource Management Journal*, 2011, 21 (1): 3 - 13.

[40] Hansen, M. T., "The search-transfer problem: The role of weak ties in sharing knowledge across organization subunits," *Administrative Science Quarterly*, 1999, 44 (1): 82 - 111.

[41] Hansen, M. T., Mors, M. L., & Løvås, B., "Knowledge sharing in organizations: Multiple networks, multiple phases," *Academy of Management Journal*, 2005, 48 (5): 776 - 793.

[42] Harel, G. H., & Tzafrir, S., "The effect of human resource management practices on the perceptions of organizational and market performance of the firm," *Human Resource Management*, 1999, 38: 185 - 200.

[43] Henderson, R., & Cockburn, I., "Measuring competence? Exploring firm effects in pharmaceutical research," *Strategic Management Journal*, 1994, 15 (S1): 63 - 84.

[44] Hopp, C., & Zenk, L., "Collaborative team networks and implications for strategic HRM," *International Journal of Human Resource Management*, 2012, 23 (14): 2975 - 2994.

[45] Huselid, M. A., "The impact of human resource management practices on turnover, productivity, and corporate financial performance," *Academy of Management Journal*, 1995, 38 (3): 635 - 672.

[46] Ingram, P., & Roberts, P. W., "Friendships among competitors in the Sydney hotel industry," *American Journal of Sociology*, 2000, 106 (2): 387 - 423.

[47] Jones, & Kavanagh, "An experimental examination of the effect of individual and situational factors on ethical behavioral intentions in the workplace," *Journal of Business Ethics*, 1996, 15: 511 - 523.

[48] Jones, G., & George, J., "The experience and evolution of trust: Implications for cooperation and teamwork," *Academy of Management Review*, 1998, Vol. 23, Iss. 3: 531 - 546.

[49] Kale, P., Singh, H., & Perlmutter, H., "Learning and protection of proprietary assets in strategic alliances: Building relational capital," *Strategic*

Management Journal, 2000, 21 (3): 217-237.

[50] Kang, S. C., Morris, S. S., & Snell, S. A., "Relational archetypes, organizational learning, and value creation: Extending the human resource architecture," *Academy of Management Review*, 2007, 32 (1): 236-256.

[51] Katz, D., & Kahn, R., *The social psychology of organizations*, New York, Wiley, 1966.

[52] Khatri, N., & Budhwar, P., *A qualitative study of strategic HR issues facing companies in Singapore*, Asia Academy of Management Conference, Singapore, 2000.

[53] Klein, K. J., & Kozlowski, S. W., "From micro to meso: Critical steps in conceptualizing and conducting multilevel research," *Organizational Research Methods*, 2000, 3 (3): 211-236.

[54] Kogut, B., & Zander, U., "Knowledge of the firm, combinative capabilities, and the replication of technology," *Organization Science*, 1992, 3 (3): 383-397.

[55] Krackhardt, D., & Hanson, J. R., "Informal networks," *Harvard Business Review*, 1993, 7-8: 104-111.

[56] Krackhardt, D., & Porter, L. W., "When friends leave: A structural analysis of the relationship between turnover and stayers' attitudes," *Administrative Science Quarterly*, 1985, Vol. 30, No. 2: 242-261.

[57] Kreps, D. M., *Corporate culture and economic theory*, *perspectives on positive political economy*, Cambridge, England, Cambridge University Press, 1990.

[58] Lau, R. S. M., & May, B. E., "A win-win paradigm for quality of work life and business performance," *Human Resource Development Quarterly*, 1998, Vol. 9, No. 3: 211-216.

[59] Leana, C. R., & Pil, F. K., "Social capital and organizational performance: Evidence from urban public schools," *Organization Science*, 2006, 17 (3): 353-366.

[60] Leana, C. R., & Van Buren, H. J., "Organizational social capital and employment practices," *Academy of Management Review*, 1999, 24 (3): 538-555.

[61] Lengnick-Hall, M. L., & Lengnick-Hall, C. A., "HR's role in

building relationship networks," *Academy of Management Executive*, 2003, 17 (4): 53-63.

[62] Lepak, D. P., & Snell, S. A., "The human resource architecture: Toward a theory of human capital allocation and development," *Academy of Management Review*, 1999, 24 (1): 31-48.

[63] Lepak, D. P., & Snell, S. A., "Examining the human resource architecture: The relationships among human capital, employment, and human resource configurations," *Journal of Management*, 2002, 28 (4): 517-543.

[64] Liebeskind, J. P., Oliver, A. L., Zucker, L., & Brewer, M., "Social networks, learning, and flexibility: Sourcing scientific knowledge in new biotechnology firms," *Organization Science*, 1996, 7 (4): 428-443.

[65] Lin, L. Y., & Chen, C. S., "The influence of the country-of-origin image, product knowledge and product involvement on consumer purchase decisions: An empirical study of insurance and catering services in Taiwan," *Journal of Consumer Marketing*, 2006, 23 (5): 248-265.

[66] Lopez-Cabrales, A., Pérez-Luño, A., & Cabrera, R. V., "Knowledge as a mediator between HRM practices and innovative activity," *Human Resource Management*, 2009, 48 (4): 485-503.

[67] MacDuffie, J. P., & Krafcik, J., *Integrating technology and human resources for high-performance manufacturing: Evidence from the international auto industry*, New York, Oxford University Press, 1992.

[68] Granovetter, M., "Economic action and social structure: The problem of embeddedness," *American Journal of Sociology*, 1985, Vol. 91, No. 3: 481-510.

[69] Granovetter, M. S., "The strength of weak ties," *American Journal of Sociology*, 1973, Vol. 78, Iss. 6: 1360-1380.

[70] Mehra, A., Lopes, A., Dass, T., & Prabhakar, B., *Self-monitoring and social network centrality: A longitudinal investigation*, Paper presented at the annual meetings of the International Network for Social Network Analysis (INSNA), in Vancouver, B. C., 2006.

[71] Messersmith, J. G., Patel, P. C., Lepak, D. P., & Gould-Williams, J. S., "Unlocking the black box: Exploring the link between high-performance work systems and performance," *Journal of Applied Psychology*, 2011, 96 (6): 1105-1118.

[72] Nahapiet, J., & Ghoshal, S., "Social capital, intellectual capital, and the organizational advantage," *Academy of Management Review*, 1998, 23 (2): 242 - 266.

[73] Nonaka, I., & Takeuchi, H., "The knowledge-creating company: How Japanese companies create the dynamics of innovation," *Long Range Planning*, 1996, 29 (4): 592.

[74] Oh, H., Labianca, G., & Chung, M. H., "A multilevel model of group social capital," *Academy of Management Review*, 2006, 31 (3): 569 - 582.

[75] Ostroff, C., & Bowen, D. E., *Moving HR to a higher level: Human resource practices and organizational effectiveness*, in Klein, K. J. & Kozlowski, S. W. J. (Eds.), *Multilevel theory, research, and methods in organizations: Foundations, extensions, and new directions*, San Francisco, Jossey-Bass, 2000: 211 - 266.

[76] Paauwe, J., "HRM and performance: Achievements, methodological issues and prospects," *Journal of Management Studies*, 2009, 46 (1): 129 - 142.

[77] Parise, S., & Rollag, K., "Emergent network structure and initial group performance: The moderating role of pre-existing relationships," *Journal of Organizational Behavior*, 2010, 31: 877 - 897.

[78] Park, S. H., & Luo, Y., "Guanxi and organizational dynamics: Organizational networking in Chinese firms," *Strategic Management Journal*, 2001, 22: 455 - 477.

[79] Pil, F. K., & Leana, C., "Applying organizational research to public school reform: The effects of teacher human and social capital on student performance," *Academy of Management Journal*, 2009, 52 (6): 1101 - 1124.

[80] Powell, W. W., "Neither market nor hierarchy: Network forms of organization," *Research in Organizational Behavior*, 1990, 12: 295 - 336.

[81] Putnam, R., *Making democracy work: Civic tradition in modern Italy*, Princeton, Princeton University Press, 1993.

[82] Reagans, R., & McEvily, B., "Network structure and knowledge transfer: The effects of cohesion and range," *Administrative Science Quarterly*, 2003, 48 (2): 240 - 267.

[83] Reagans, R., & Zuckerman, E. W., "Networks, diversity, and productivity: The social capital of corporate R&D teams," *Organization Sci-*

ence, 2001, 12 (4): 502 - 517.

[84] Reinholt, M., Pedersen, T., & Foss, N., "Why a center network position isn't enough: The role of motivation and ability for knowledge sharing in employee networks," *Academy of Management Journal*, 2011, 54 (6): 1277 - 1297.

[85] Reus, T. H., & Liu, Y., "Rhyme and reason: Emotional capability and the performance of knowledge-intensive work groups," *Human Performance*, 2004, 17 (2): 245 - 266.

[86] Roberts, K. H., & O'Reilly, C. A., "Some correlations of communication roles in organizations," *Academy of Management Journal*, 1979, 22 (1): 42 - 57.

[87] Schneider, B., White, S. S., & Paul, M. C., "Linking service climate and customer perceptions of service quality: Tests of a causal model," *Journal of Applied Psychology*, 1998, 83 (2): 150 - 163.

[88] Smith, K. G., Collins, C. J., & Clark, K. D., "Existing knowledge, knowledge creation capability, and the rate of new product introduction in high-technology firms," *Academy of Management Journal*, 2005, 48 (2): 346 - 357.

[89] Spender, J. C., "Making knowledge the basis of a dynamic theory of the firm," *Strategic Management Journal*, 1996, 17: 45 - 62.

[90] Sun, L. Y., Aryee, S., & Law, K. S., "High performance human resource management practices, citizenship behavior, and organizational performance: A relational perspective," *Academy of Management Journal*, 2007, 50 (3): 558 - 577.

[91] Takeuchi, R., Lepak, D. P., Wang, H., & Takeuchi, K., "An empirical examination of the mechanisms mediating between high-performance work systems and the performance of Japanese organizations," *Journal of Applied Psychology*, 2007, 92 (4): 1069 - 1083.

[92] Tortoriello, M., Reagans, R., & McEvily, B., "Bridging the knowledge gap: The influence of strong ties, network cohesion, and network range on the transfer of knowledge between organizational units," *Organization Science*, 2012, 23 (4): 1024 - 1039.

[93] Treviño, L. K., & Victor, B., "Peer reporting of unethical behavior: A social context perspective," *Academy of Management Journal*, 1992,

35 (1): 38－64.

[94] Tsai, W., & Ghoshal, S., "Social capital and value creation: The role of intrafirm networks," *Academy of Management Journal*, 1998, 41 (4): 464－476.

[95] Van Wijk, R., Jansen, J. J., & Lyles, M. A., "Inter-and intra-organizational knowledge transfer: A meta-analytic review and assessment of its antecedents and consequences," *Journal of Management Studies*, 2008, 45 (4): 830－853.

[96] Wagner, J. A., "Studies of individualism-collectivism: Effects on co-operation in groups," *Academy of Management Journal*, 1995, 38 (1): 152－172.

[97] Wall, T. D., & Wood, S. J., "The romance of human resource management and business performance, and the case for big science," *Human Relations*, 2005, 58 (4): 429－462.

[98] Weick, K. E., *The social psychology of organizing*, Reading, MA, Addison-Wesley, 1969.

[99] Welbourne, T. M., & Andrews, A. O., "Predicting performance of initial public offerings: Should human resource management be in the equation?" *Academy of Management Journal*, 1996, 39 (4): 891－919.

[100] Wright, P. M., Gardner, T. M., Moynihan, L. M., & Allen, M. R., "The relationship between HR practices and firm performance: Examining causal order," *Personnel Psychology*, 2005, 58 (2): 409－446.

[101] Youndt, M. A., Snell, S. A., Dean, J. W., & Lepak, D. P., "Human resource management, manufacturing strategy, and performance," *Academy of Management Journal*, 1996, 39: 836－866.

[102] Zucker, L. G., "The role of institutionalization in cultural persistence," *American Sociological Review*, 1977, 42 (5): 726－743.